KB269046

예능력

예능력

고단한 하루를 버티게 하는
마음의 힘은 무엇인가

예능력

예능에서 발견한 오늘을 즐기는 마음의 힘

하지현

민음사

고백건대, 지금 나의 상당 부분은 텔레비전 덕분이다. 텔레비전을 보면서 웃고, 즐기고, 배우면서 자랐다. 어른들은 "저렇게 텔레비전을 좋아하니 너도 똑같이 바보상자가 되겠다."라고 걱정하시기도 했지만, 상대적으로 관대한 부모님은 별다른 말씀을 하지 않았다. 덕분에 나는 원 없이 브라운관에 빠져들어 자랐다. 그럼에도 나는 공부는 공부고, 텔레비전은 텔레비전이라고 여기며 살았다. 둘은 전혀 별개의 문제다. 일과 놀이가 구분되듯이, 책을 보고 공부를 하면서 얻는 것을 텔레비전에서는 구할 수 없다고 믿었다. 왜냐하면 나는 시사나 뉴스 프로그램보다는 드라마나 예능 프로그램만 봤기 때문이다. 그런데 어른이 되어서 정신과 의사를 직업으로 삼고 난 다음에는 예능 프로그램이 다시 보이기 시작했다.

여전히 나는 한밤에 들어와 자기 전 지친 몸을 소파에 파묻고 텔레비전을 켠다. (지금은 폐지되었지만) 「놀러와」, 「강심장」, 그리

고「무릎팍도사」와「라디오스타」,「해피투게더」를 본다. 낄낄거리면
서 웃다가 잠이 들고 다음 날 아침이면 뭘 보고 웃었는지 기억이 잘
나지 않는다. 그런데 기분은 이상하게 한결 가볍다.

주말 저녁에는「무한도전」,「1박 2일」,「런닝맨」과「아빠! 어디
가?」를 보며 가족과 대화를 한다. 아이의 마음이 보이고, 어떤 변화
가 있는지 보인다. 아, 그렇다. 예능 프로그램이 평일 밤에는 11시, 주
말에는 저녁 시간에 주로 배치된 이유가 다 있었다. 평일에는 지친
마음을 풀어 주는 퇴행의 시간을, 주말에는 여유 있게 가족들과 대
화할 거리를 던져 주는 것이다. 얼마나 고마운 일인가. 그리고 고맙
게도 금요일 밤에는 지상파 예능 프로그램이 없다. 그날 밤은 나가
서 늦게까지 술을 마시거나 친구를 만나라는 것이다.

조금 더 자세히 예능 프로그램들을 봤다. 내 머릿속에 켜켜이
쌓여 온 몇십 년의 예능 프로그램 시청 경험은 어느 순간 내 전문 지
식과 크로스를 했다. 나의 뇌는 둘로 갈라져 있지 않은 하나이기에
벽으로 나뉘어져 있던 그 둘은 내 뇌에서 한곳에 모였다. 그리고 그
동안 내가 예능을 통해 지친 마음을 치유받았고, 나를 지켜내는 마
음의 힘을 키웠고, 사람들과 어울리는 능력을 배웠고, 놀 땐 놀 줄
아는 사람이 되었다는 것을 깨달았다. 정신과 의사라는 전문가의
눈으로 보면 볼수록 예능이란 허투루 볼 것이 아니었다. 이 힘든 세
상을 잘 버텨 나갈 수 있는 힘을 주고, 최적의 삶의 태도를 실시간으
로 알려 준다. 예능만큼 사회의 '지금, 여기'에 즉각적으로 반응하는
것은 없었다. 이를 통해서 충분히 배우고 익히고 마음의 튜닝을 할

수 있었다.

　　그래, 나름 예능을 통해 배운 게 많았다. 고마워, 예능! 그런데, 이걸 뭐라고 해야 하지? 그래, '예능력'이다. 예능에도 힘이 있고, 우리는 예능을 통해 마음의 힘을 얻을 수 있다. 최소한 나는 그랬다. 그리고 나만 그렇지는 않을 것 같았다. 다만 모르고 있을 뿐. 배움과 깨달음은 먼 곳에 있지 않았던 것이다. 어려운 책에 있는 것도 아니고, 대단한 사람의 가르침에 있는 것도 아니었다.

　　요 몇 년 사이 배움을 갈구하는 이들이 늘고 있다. 사는 게 힘들고 팍팍해서 그렇다. 삶의 상처를 치유받고, 혼돈스러운 이 세상에서 나아갈 방향을 지도받기를 간절히 바란다. 그래서 그런지 힐링과 멘토가 대세다. 다들 더는 못 버티겠다고 얘기한다. 사실 그렇다. 내가 매일 진료실에서 만나는 분들도 그렇다. 멀쩡하게 잘 지내고 있지만 이제는 더 이상 버텨 내기가 힘들고 이러다가 어떻게 될 것 같아 무섭다고 찾아온다. 일단 아프니 힐링이 필요하다고 말한다. 차올랐는데 뭘 덜어 내고, 어느 방향으로 가야 하고, 어디를 빼야 할지 모르겠다고 한다. 그런데 멘토가 다 해결해 줄 것만 같다. 구원 환상이다.

　　사회가 들끓고 있다. 얼마나 힘들면 힐링과 멘토라는 두 단어가 지난 몇 년 사이에 가장 빨리 일상화된 용어가 되었겠는가. 예능에도 「힐링 캠프」라는 프로그램이 등장해서 자리 잡았다. 좋은 사회라면 힐링과 멘토라는 단어가 이렇게 빨리 우리 사회 깊숙이 들어와 똬리를 틀어서는 안 된다. 힐링을 위해 힐링 여행을 가고, 치료자를 찾아가고, 뭔가를 배우러 다닌다. 사회적 불안정, 존재적 불안, 미래에 대한 불확실성에 대한 문제를, 돈을 내고, 시간을 따로 빼내고, 다른 특별한 장소로 가서 해결되기를 바란다. 멘토라고 할 만한 유명인의 강연을 들으러 가서 좋은 얘기를 듣고, 따끔한 질타를 받고, 즉문즉설을 하며 '아하!' 해 본다. 하지만 똑 부러진 해답을 얻은 것 같지는 않고, 다음 날 아침에도 변화는 없다. 거기 그 자리다. 그때뿐이다.

제대로 된 책을 못 찾아서, 스승을 못 찾아서 그렇다고 여기기 쉽다. 이럴 때 생각의 전환을 해 보았으면 한다. 그 해답의 문은 바로 내 눈앞에 이미 오래전부터 있었을지 모른다. 믿기지 않겠지만, 매일 보고 듣는 의미 없는 바보상자라고 여기는 텔레비전, 그것도 예능 프로그램에서 해답을 충분히 찾을 수 있다. 돈 따로 들이지 않아도, 시간을 따로 빼지 않아도, 먼 곳을 일부러 찾아가지 않아도 된다. 그저 매일 하듯이 텔레비전을 켜면 된다. 그냥 웃고, 감동하고, 즐기면 된다. 지금까지 그것을 어떻게 엮어 내 것으로 만들지 몰랐을 뿐이었던 것이다. 이 책은 그런 시각과 태도의 변환을 위한 문을 열어 줄 것이다. 내가 그랬듯이, 이 책을 읽는 독자들도 의외의 놀라운 깨달음을 얻을 수 있을 것이다.

이제는 일상에서 내 삶을 점검하고, 평가하고, 그리고 변화를 위한 노력을 해 보자. 매일매일 보고 즐기는, 잉여와 시간 낭비의 상징이자, 길티 플레저의 대상이었던 예능이 내 삶의 등대가 되어 줄 수 있다면 정말 신나는 일이 되지 않을까. 예능을 보고 온몸으로 즐기는 것만으로 내 일상의 변화를 가져올 수 있고, 힘든 상황을 견딜 능력이 생기고, 대인관계의 어려움이나 갈등을 풀어 나갈 해법을 깨달을 수 있다면 얼마나 좋겠는가. 마라톤 풀코스를 뛰는 것도 좋지만 매일 동네 뒷산을 산책하고 운동장을 한 바퀴 도는 것으로도 건강해지는 효과는 얻을 수 있다. 산티아고 순례 길도 좋고 템플 스테이도 좋지만 우리 집 마루의 텔레비전을 보면서도 충분하면 더 좋지 않을까.

예능을 알고 이해하고 즐기면 무엇보다 잘 놀 수 있는 사람이 되고, 우리가 이 빡빡한 삶에서 잊어버려 가던 놀이의 힘, 잉여와 재충전의 중요성을 깨달을 수 있다. 그리고 이성이 아닌 감성의 중요성을 다시 한 번 확인한다. 무엇보다 중요한 것은 우리 삶의 태도에서 핵심 키워드가 되어야 할, '의미와 가치', '낙관의 힘', '독창적이고 특별한 나'에 대해, 예능이 반복적으로 알려 준다는 것이다.

아주 익숙하고 낯익은, 또 별것 아닌, 그저 웃기기만 하던 텔레비전 속 예능이 우리 삶에서 드러내지 않고 해 온 중요한 역할을 다른 시각에서 밝혀 주려는 것이 이 책의 목적이다. 시간 낭비를 한다는 죄책감, 쓸데없는 걸 본다는 불안에서 벗어나 가슴 펴고 예능을 보고 즐기자. 마음이 다 필요로 하니 내 손이 리모콘 채널을 고정했던 것이다. 부디 이 책을 집어든 독자들도 나와 함께 예능을 보며 마음의 힘을 키울 수 있기를 바란다.

May the force of variety be with you.

차례

1부

나를
단단하게
지키는 힘

1   나를 끝까지 사랑하려면 허세라도 부리리라

허세가 꼭 나쁠까?

따뜻한 커피를 시키고
사진을 찍고 수없이 메모를 하며
어느새 네 번이나 리필을 하는 그의 모습은
염치없다기보다 그만의 여유를 한없이 즐기는 것 같아 보인다.

그게 바로 지금의 내 모습이다.

지금은 한류 스타가 된 배우 장근석이 몇 년 전 미니홈피에 올린 글이다. 한때 그는 지나치게 나르시시즘에 빠진 듯한 글을 자주 올려 대중의 조롱거리가 되었는데, 그 임팩트가 어찌나 셌던지 그는 '장허세'라는 별명을 얻었고, 급기야 '허세'는 대중문화의 키워드가 되어 온갖 패러디를 양산해 냈다. 장근석의 글 중 특히 자주 회자된 글은 바로 이 글이었다.

다시 한 번 파리를 갈 기회가 생긴다면
한 손에는 와인 병을 다른 한 손에는 신문을 들고
샹젤리제 거리에서 이렇게 외칠 테다.

뉴욕 헤럴드 트리뷴!

그런데 최근 그는 실제로 파리 샹젤리제 거리 한복판에서 개선문을 배경으로 한 손에는 와인 병을, 또 다른 손에는 《인터내셔널 헤럴드 트리뷴》 신문을 들고 서 있는 사진을 올리고, 트위터에 이런 글을 올려 사람들을 한 방 먹였다.

근 5년 동안의 한을 풀 것이야. 세상과 싸우겠다는 게 아니야. 그냥 내가 나를 넘어서고 싶을 뿐. 뉴욕 헤럴드 트리뷴!

허세라고 놀림 받던 자신의 말을 현실화하는 위트를 보여 준 것이다. 장근석의 행보를 보며 여전히 비아냥거리는 사람들도 있지만, 이제는 많은 이들이 그의 솔직하고 당당한 언행을 즐기고 재미있어한다. 아마 허세 뒤에 숨어 있던 저력이 지금 힘을 발휘하는 것이 아닐까 싶다.

나는 장근석의 이런 모습이 괜찮아 보인다. 사실 그의 허세도 나빠 보이지만은 않았다. 허세가 꼭 나쁜 것은 아니기 때문이다. 그 뿐만 아니라 허세란 때로 부려야 할 때도 있다고 생각한다.

"나 이런 사람이야!"라는 절박한 외침

드라마 「넝쿨째 굴러 온 당신」에서 김원준이 연기한 윤빈은 한때 인기가 하늘을 찔렀지만 지금은 작은 지방 공연에 올라가기도 버거운 퇴물 가수이다. 하지만 옥탑방으로 밀려나도 자존심 때문에 그랜드피아노만은 버리지 못한다. 윤빈은 어느 날 어렵게 겨우 산 컵라면을 잃어버리는데, 실의에 빠져 옥탑방으로 돌아와 눈물이 흐르자 셀카를 찍고는 블로그에 글을 올린다.

내 영혼의 허기가 찾아오는 시간. 필요한 건 1리터의 눈물……

아, 이거야말로 허세다. 그렇지만 이런 태도가 없었다면 김원준, 아니 윤빈은 빈궁하고 초라한 현실을 어떻게 넘길 수 있었을까?

영화 「라디오스타」에도 비슷한 인물이 나온다. 가수 최곤은 히트 곡이 「비와 당신」 달랑 하나뿐인 왕년의 스타다. 대마초 사건, 폭행 사건으로나 대중에 얼굴을 비치는 그는 자신이 여전히 스타라고 굳게 믿는다. 우여곡절 끝에 영월의 지방 방송국 DJ로 가게 되지만 그는 그곳이 자신에게 어울리지 않는다고 생각한다. 늘 거만하게 굴고, 담배 한 개비도 매니저 박민수의 손으로 받지 않으면 피우지 않는다.

현실을 직시하지 못하고 겉멋이나 거만을 부리는 윤빈과 최곤의 허세는 "나 이대로 죽지 않아!"라는 처절한 외침과도 같다. 사실 이들도 현실을 모르지 않는다. 아니, 그렇기 때문에 더더욱 허세를 부리고야 만다. 허세라도 부리지 않으면 자신이 무너질지도 모르기 때문이다.

DJ DOC의 「나 이런 사람이야」는 악동이자 사고뭉치인 세 멤버의 자기 고백과 같다. 다소 자조 섞인 현실 비판이 섞여 있기도 하지만, 번듯하지는 않아도 그래도 세상에 지고 싶지 않은 대중들의 답답한 마음을 대변하고 공감을 얻었다.

괜찮아 나니까 하나를 배우면
열을 깨달아 버리는 나니까
손발 다 써도 안 되면 깨물어 버리는 나니까
대박 나든 쪽박 차든 쏠리는 대로 사니까
아닌 걸 보고 아니라고 하니까

나 이런 사람이야 알아서 기어
아니면 쉬어 알았으면 뛰어
그래 내가 원래 그래

그래서 뭐 어쩔래 나 이런 사람이야

자신이 아무리 부족한 사람이라도 끝까지 배짱과 허세를 부리며 "나 이런 사람이야!"라고 외쳐 보고 싶은 것이다. 어떤 순간에도 자존감을 지키고 싶기 때문이다. 아니, 지켜야만 하기 때문이다.

허세란 원래 "실속이 없이 겉으로만 드러나 보이는 기세"라는 뜻이다. 하지만 이렇게 자존감을 지키기 위한 마지막 수단으로 유용할 때가 있다.

좌절과 실패를 대하는 우리의 자세

하늘에 떠 있는 열기구를 상상해 보자. 풍선을 부풀리기 위해서는 버너에 불을 붙여 공기를 데워야 한다. 공기가 충분히 가열되면 풍선이 빵빵해지면서 아래 달린 바구니가 둥실 떠오른다. 자존감은 '나'라는 풍선이 팽팽해지며 하늘로 올라가게 해 주는 버너역할을 한다. 버너가 활활 타오르는 한 나는 자유롭게 하늘을 비상할 수 있다. 그런데 버너의 불이 꺼진다면? 나는 작게 쪼그라들며하늘에서 땅으로 추락하고 말 것이다.

자존감은 우리가 태어나 자라면서 형성된 것이다. 세상의 피드백에 따라 높아지기도 하고 낮아지기도 한다. 우리가 현실에서 겪는 실패와 좌절은 자존감이라는 버너에 연료 공급을 막는 역할을 한다. 실패와 좌절을 경험한 후 적절한 위로와 휴식을 얻지 못하면 우리 마음은 오염되고, 위태로워지고, 약해져 자칫 자존감의 불씨가 꺼져 버릴 수 있다. 불이 꺼지면 내 마음은 헛헛하고 추워진다. 그러고 나면 작은 생채기에도 흔들리고, 자기 길을 가지 못하게 된다. 나는 하염없이 무력하게 추락하면서 열패감과 무력감을 경험하고, 세상에 대한 흥미를 잃어버리게 된다.

떨어진 자존감을 높이려면 외부의 칭찬과 보상이 필요하다. 이것이 자존감이라는 버너의 연료 역할을 한다. 어릴 때 부모가 "참 잘한다.", "우리 아이 잘한다."라고 말해 주는 것이 제일 큰 힘이 되었던 것과 같다. 우리는 자존감을 어느 이상 유지해야 스스로 동기부여를 할 수 있고, 좌절과 실패로부터 다시 일어설 수 있는 힘을 얻을 수 있다.

그렇지만 외부로부터 연료를 끊임없이 공급받는 것보다 더 좋은 방법은 자가 발전을 하는 것이다. 어떤 이들은 이렇게 진화해 나간다. 스스로 칭찬하고, 자신이 괜찮다고 생각하는 자가 발전 시스템을 개발한다. 자존감을 안정적으로 높게 유지하는 이들은 한정된 연료의 버너로 상공에 떠 있는 풍선이 아니라, 외부 전기가 끊겨도 자체 발전기를 가동해서 최소한의 시스템이 계속 유지되는 대형 건물과 같다. 거기서 더 나아가면 외부의 연료 공급 없이 1년도 넘게 운항할 수 있는 핵 잠수함과 같은 시스템으로 발전할 수도 있는 것이다.

훌륭한 자가 발전 시스템이 장착된 사람은 웬만한 일에 흔들리거나 가라앉지 않는다. 하지만 자가 발전기가 없어 자존감이 낮거나 쉽게 흔들리는 사람들에게는 문제가 생긴다. 남의 인정과 칭찬을 지나치게 바라거나, 현재의 문제를 남 탓으로 돌리는 방어적 자세를 취한다. 허풍과 과장이 심하고, 툭하면 타인을 비방하며, 잘못을 저지르고도 그럴 수밖에 없었다는 자기 합리화식 변명을 끝없이 한다. 그것도 안 되면, 세상과 관계를 끊고 잠수를 타거나 "내가 뭘 해도 그렇지, 뭐."라면서 자신을 실제보다 낮게 평가하고 열등한 자세를 취한다.

문제의 원인을 타인이나 사회의 부조리로 돌리는 투사(投射)를 하거나, 열패감에 사로잡혀 "난 안 될 거야, 아마.", "이건 전부 다 내 탓이야.", "앞으로도 계속 이럴 거야. 난 재수 없으니까."라며 우울의 세계로 침잠해 버리는 시기가 오래 지속되면 어느새 이런 태도는 그 사람 성격의 중심이 되어 버린다. 전자의 경우는 건드리기 무서운 까칠한 성격 때문에 주변 사람들이 가까이하기 어려운 사람이 되고, 후자의 경우는 늘 위축되고 처져 있어서 부정적인 기운이 먹구름처럼 둘러싼 사람이 되는 것이다.

운 좋게 한 번도 좌절과 실패를 경험하지 않는다면 자가 발전기가 장착되어 있지 않더라도 사는 데 지장이 없을 것이다. 그러나 인생에서 좌절과 실패는 피할 수 없다. 평생을 실패와 시련 없이 사는 것은 사는 복권마다 일등 당첨이 되는 확률과 같지 않을까? 그렇기에 우리는 좌절과 실패를 대하는 우리의 자세를 평소 연습해야 한다.

허세, 자존감의 마지막 불씨를 지키기 위해 쓰는 비상약

'허세'에 해당하는 영어 표현으로 bluff, show off, make a false show 등이 있다. bluff란 포커에서 자기가 실제보다 훨씬 더 좋은 패를 갖고 있는 양 큰 판돈을 걸어 상대를 속일 때 쓰는 말이다. 뒤의 두 단어도 뭔가 있는 척한다는 뜻으로, 사기를 친다는 의미로 쓰인다. 그런데 이 표현들의 핵심은, 전혀 없는 것을 있다고 하는 게 아니라 이미 있는 것을 좀 더 부풀려서 보여 준다는 데에 있다. 허세의 일면을 말해 준다.

흔히들 솔직해야 한다고 말한다. 거짓 인생으로 사는 것보다는 실제 나의 모습으로 사는 것이 훨씬 편안하고 행복하다. 그러나 나를 드러내기란 쉬운 일이 아니다. 나 자신에게 만족스럽지 않을 때는 더욱이 그렇다.

영국의 소아과 의사 출신의 정신분석가 위니콧은 '자기(self)'의 개념을 소개하면서 '진짜 자기'와 '가짜 자기'를 구분하여 말했다. '가짜 자기'는 아이가 외부 시선에서 만들어 낸, 자기가 되기를 희망하는 자기상이다. 자기가 진짜 원하는 것을 숨기고 부모가 원하는, 말 잘 듣고 모범적인 아이로 위장한다. 한편으로 진짜 자기를 수치스럽게 여길 수도 있다. 회피하거나 진짜 자신이 드러날까 봐 두려워하기도 한다. 이에 반해 '진짜 자기'는 아이가 자기가 원하는 부모의 사랑을 온전히 받는 대상으로서 만들어 낸 자기다. 진짜 나의 모습으로서, 흔들리지 않는 나의 실체이자 핵심이다.

'진짜 자기'는 어느 순간부터 부모의 사랑이 아니라 스스로 이룬 성취감을 원하는 자아로서 존재한다. 이때 '진짜 자기'의 모습이 사회나 부모가 보기에 하잘것없더라도 나에게 만족스럽다면 '진짜 자기'는 잘 작동하고 있는 것이다. 내가 느끼는 '주관적 진실'을 '심리적 사실'로 받아들일 때 진짜 자기를 드러내는 것은 두렵지 않고, 자존감이 자연스레 우러나오게 된다. 바로 여기에 자존감의 실체가 있다. 진짜 자기를 기반으로, 그 진짜 자기의 어두운 면, 모자란 면까지도 나의 일부로 받아들일 수 있어야, 우리는 안정감 있고 건강한 자존감을 갖게 되었다 할 수 있다.

물론 '진짜 자기'의 부족한 면까지 모두 받아들이고 만족하며 자신을 솔직히 드러내고 사는 것이 쉬운 일은 아니다. 세상은 계속해서 우리에게 태클을 걸어 온다. 우리가 부족하다고, 별로라고, 그렇게 살면 안 된다고 말한다. 그러니 자존감을 안정적으로 유지하는 것은 쉽지 않다. 또 살다 보면 자존감이 높아질 일보다는 깎일 일이 훨씬 더 많다. 인생에서 어쩔 수 없이 만나기 마련인 실패와 좌절은 이미 크게 자리 잡은 열패감을 재확인시키고 강화한다. 나는 무능하고 쓸모없으며 앞으로 잘될 일 없는 박복한 인생이라는 불길한 예감은, 시간이 지나고 경험이 쌓일수록 분명해지는 것만 같다. 이럴 때 점차 까칠하고 짜증을 잘 내는 사람이 되어 버리거나, 어떤 일도 시작할 수 없는 만큼 우울하고 무기력한 사람이 되어 버리지 않기 위해 우리가 반드시 지켜야 하는 것은 자존감의 마지막 불씨이다. 이를 위한 마음의 기술 중 하나가 바로 허세라고 생각한다. 마지막 자존감을 보호하며 진짜 자기가 다치지 않도록 아주 살짝 나를 부풀려 보는 것이다. 그런다고 해서 내 본질이 바뀌거나 나를 잃는 것은 아니다. 일시적으로 부려 보는 허세는 내 본질의 핵심을 훼손시키지 않고 위기 상황을 벗어나는 데 분명히 도움이 된다.

물론 허세는 비상약이다. 매번 써서는 안 된다. 심장마비가 왔을 때 응급으로 주사하는 아드레날린과 같다. 위급할 때 한 번씩 쓰는 것이다. 아픈 현실이 바뀌는 것은 아니지만 조금은 덜 아프고, 직면으로 받을 고통을 조금은 줄여 준다. 사고가 났을 때 자동차 범퍼가 하는 역할을 해 주는 것이다.

자신에게 끝없는 애정과 믿음을 보내라

프로이트는 우울증을 '자신을 향한 공격성'이라고 했다. 또한 활력이 지나치고, 자신을 과대평가하고, 비현실적인 낙관적 태도를 보이는 조증은 우울증의 과잉 반응으로 나타난다고 해석했다. 그의 말대로라면 우울증과 조증은 동전의 앞면과 뒷면이거나 달의 밝은 면과 어두운 면으로, 그 본질은 같은 것이다. 그래서 반복적으로 조증을 보이는 것은 우울증만큼 위험하다.

하지만 한편으로 잠깐의 조증은 실패와 좌절을 대하는 일시적 자세로서는 나쁘지 않다고 생각한다. 자기애의 핵심을 지키는, 약간의 조증적 방어가 바로 허세일 것이다. 일시적으로 나를 부풀려서 "나 괜찮지 않아?"라고 자신을 안심시키고 안전함을 느끼려는 노력 말이다. 허세를 통해 핵심적 자기를 보호할 수 있다면, 허세란 때로 괜찮은 방법 아닐까?

무함마드 알리는 조 프레이저에게 패배한 후 이렇게 말했다. "나도 질 수 있다는 사실을 보여 준 것은 자라나는 아이들에게 좋은 교훈이었다."

2012년 런던 올림픽 축구 8강전에서 연장전 이후 승부차기를 했는데, 극적으로 한국이 5 대 4로 영국에 승리했다. 브라질과의 4강전만 염두에 두던 영국에게는 뼈아픈 패배였다. 이때 영국 감독 피어스는 승부차기에서 실패한 선수 스터리지를 두고 이렇게 말했다. "경험이 그를 더욱 강하게 만들 것이다. 3일 전에는 결승 골을 넣었고, 우리를 조 1위로 이끌었다. 오늘은 페널티킥을 놓쳤다. 삶이란 그런 것이다."

알리가 경기에서 지고도 과거에 승리를 이어 가던 자신을 기억하며 자신도 질 수 있는 사람이라고 말하는 것, 또 피어스 감독이 속으로는 실축을 한 선수가 원망스러울 수 있지만 기자 회견 자리에서만은 통 크게 그를 위로하고 멋들어지게 삶의 진실까지 논하는 것. 이런 것이 삶에서 우리가 보여야 할 허세가 아닐까.

허세도 자존감이 어느 정도 있어야 가능하다. 최소한의 자존감도 없는 사람이 허세를 부릴 때에는 티가 난다. 속이 다 드러나는 허세만큼 초라한 것이 없다. 말은 거창해 보이지만 품위를 유지하지 못하고 지켜야 할 선을 넘어서기 쉽다. 그리고 눈이 흔들린다. 몸보다 큰, 장식만 요란한 군복을 입고 센 척하는 아이처럼 보인다. 장근석의 허세가 밉거나 유치해 보이지 않는 이유도 그의 언행에서 자신에 대한 믿음과 애정, 자기 능력에 대한 확신감이 자연스럽게 은연중에 드러나기 때문이다.

결국 마지막 비상약인 허세를 부려 남아 있는 최소한의 자존감을 지켜내지 못하면 허세조차 제대로 부릴 줄 모르는 정말 초라한 사람이 된다. 살짝 있는 척할 줄 알고, 판을 키웠다 줄였다 해서 상대가 종잡을 수 없게 하는 블러핑을 할 줄 모르는 도박사는 절대 큰 판에서 이길 수 없다고 한다. 허세란 가끔 인생에서 이런 블러핑이 되기도 하고, 자존감을 지켜내기 위해 펼친 큰 우산이 되기도 한다.

한 발 더 나아가, 스스로도 허황되게 느껴지는 허세를 질러 보는 것이 삶에 도움이 될 수도 있다. 누구나 당연히 허세라고 여길 정도의 높은 목표를 설정해 보는 것이다. 의외로 자신에게 그 이상의 능력이 있어서 그것이 허세가 아니라 언젠가 달성 가능한 목표가 될 수도 있다. 달성을 하는 순간 그건 허세가 아니라 능력이 된다. 만일 허세를 부리지 않고 겸손 모드로만 살았다면 발견하지 못했을 숨겨진 능력 말이다. 경우에 따라서는 허세로 느껴질지 모르지만 "나 할 수 있어.", "이 정도는 돼."라고 자신에 대해 부풀린 마음을 갖는 것이 때로는 인생의 도전 정신을 키워 준다.

한 번 꺼져 버린 불씨는 다시 살려 내기 어렵고, 한 번 멈춘 심장은 다시 뛰게 하기 어렵다. 최소한의 자존감을 지켜내지 못하고 결국 잃어버리면 다시 되돌리기 어렵다. 살다 보면 차라리 허세라도 부릴 줄 아는 사람이 결국 끝까지 살아남아 있는 것을 발견하게 되는 것도 그 때문일 것이다.

이 세상에서 자신을 사랑해 줄 첫 번째 사람은 바로 자기 자신이다. 자신이 사랑받을 만한 가치 있는 존재라고 믿는 마음의 힘인 자존감을 지키는 것은 무엇보다 중요하다. 자신에게 끝없는 애정과 믿음을 가져 보자. 세상에 주눅 들지 말고 아주 가끔 "나 이런 사람이야!"라고 외쳐 보자. 자존감이 떨어질 위기에 봉착한 순간 허세가 비상약이 되어 줄 것이다.

2 콤플렉스를
개성과 강점으로 만들라

키 작은 개그맨에서 달인이 된 남자

「정글의 법칙」에서 리키 김이 병만족의 족장 김병만에게 물었다. "형은 어릴 적 꿈이 뭐였어?" 김병만은 대답한다. "기술자가 되고 싶었어. 어렸을 때부터 집이 많이 가난해서 기술을 배워서 하루 빨리 돈을 벌어다 주고 싶었지."

그는 고등학교 3학년 때부터 직업 훈련원에 가서 자격증을 따 취업에 나섰다고 했다. 어떻게든 기술을 배우려고 노력했던 이유 중 하나가 작은 키 때문이었다고 했다. "중학교 때부터 고등학교 때까지 항상 1번이었다. 작으니까 다른 사람을 쫓아가려면 더 열심히 먼저 출발해야 했다."라며, "키가 작으니까 먼저 출발하고, 더 많이 걷고, 부지런히 움직이는 게 습관이 된 것 같다."라고 했다.

작은 키의 김병만이 「개그콘서트」의 '달인' 코너에서 매주 새로운 기술을 선보일 때 처음에 사람들은 몇 달 저러다 말겠지 했다. 그러나 1년, 2년 넘어가며 '달인'이 장수 코너가 되면서 사람들은 김병만이라는 사람 자체를 새로 평가하게 되었다. 158센티미터 단신의 다부진 그를 '키 작고 운동 신경은 좋지만, 재치가 아주 뛰어나지는 않고 유행어 하나 없는 개그맨'이 아닌 '작은 키이기에 더 노력하는, 노력의 달인'으로 보게 되었다.

2010년 기준으로 한국인의 표준 신장이 남성은 174센티미터, 여성은 160.5센티미터인 것을 감안하고, 급기야 180센티미터 이하 남성은 루저라고 했다가 곤욕을 치른 어떤 여성의 발언을 생각해볼 때, 그의 키는 콤플렉스가 될 법도 했다. 그러나 이제 누구도 그의 키를 말하지 않는다. 김병만은 이제 단순히 키 작은 남자가 아니라, 달인이기 때문이다.

나도 모르게 내 삶을 뒤흔드는 콤플렉스

사람들은 흔히 콤플렉스를 '숨기고 싶은 내 단점' 또는 '열등의식'으로 인식한다. 그러나 사실 심리학에서는 훨씬 심오한 의미가 있는 정신분석 용어다. 분석심리학의 창시자 칼 융이 잘 정의했는데, 콤플렉스란 우리가 무의식적으로 구성하고 있는, 정서, 기억, 인식, 소망 등의 복합체를 말한다. 열등감이 콤플렉스와 관련될 가능성이 많지만 모든 콤플렉스가 열등감을 말하는 것은 아니다. 일종의 '마음속 응어리'로 인간의 기본 심리 작동 시스템 내에서 작용하며 모든 감정과 관련되어 있다. 우리는 모두 콤플렉스를 갖고 있지만 평소에는 그 존재를 인식하지 못하고 지낸다. 우리 마음 깊은 곳에 똬리를 틀고 모르는 사이 계속 우리를 흔들어 대지만, 그 존재를 어렴풋이 느낄 뿐 명확하게 바라보고 인지하기는 쉽지 않다.

나도 모르게 평소와 다른 반응을 보일 때가 있다면, 그것은 콤플렉스가 자극받아서 무의식의 감정이 반응을 한 것이다. 콤플렉스의 반응은 의식적인 것과 무의식적인 것이 있는데, 특히 무의식의 영역에 깊이 들어가 있는 콤플렉스일수록 강력한 폭발력을 갖는다. 잠복해 있다가 어느 순간 튀어나와 우리가 의식적으로 통제하지 못하고 이성적으로 이해할 수 없는 판단을 하게 하거나 행동을 하게 하기 쉽다.

의식적 차원에서 콤플렉스가 반응을 하는 것은, 우리가 애써 부정하고 보지 않으려 하지만 사실 자신의 콤플렉스를 어느 정도 알고 있는 경우다. 지방 대학을 나와 대기업을 다니는 회사원 A가 있다. 회사 동료들이 점심시간에 서울에서 대학을 다닐 때 서로의 학교 축제를 찾아다닌 것을 소재로 이야기꽃을 피운다. A는 소외감을 느끼고, 혹시 자기에게도 말이 돌아올까 긴장을 했다. 학교 이름을 말하기 싫었기 때문이다. 그러면서 자기도 서울에서 대학을 다녔으면 그럴 수 있었을 거라는 부러운 감정을 느꼈다. 몇 달 후 A는 서울 소재 대학의 경영 대학원 야간 과정에 입학을 했다. 경제적인 부담도 있고 일과 병행하기도 많이 힘들지만 그의 콤플렉스가 그를 과감히 그런 선택으로 이끈 것이다.

　　그런데 자신에게 어떤 콤플렉스가 있는지 전혀 모르는 상태에서 무의식 차원에서 콤플렉스가 반응해 버리는 경우가 있다. B는 평소 다정다감하고 사회성이 좋다는 평가를 받는다. 그런데 거래처와 다툴 일이 왕왕 있는데, 자신보다 나이가 많은 거래처 직원이 그에게 하대를 하거나 말을 공손하게 하지 않으면 발끈하는 것이다. 또 직장에서도 바로 위의 선배가 뭐라고 지적을 할 때에는 가만있는데, 나이 많은 부장급 상사가 일상적인 업무 지시 중에 지적을 하면 가만있지 못하고 말대답을 해서 괜한 미움을 받곤 한다. B는 알고 보니 강하고 권위적인 아버지에게 기를 펴지 못하고 자라난 사람이었다. 언제나 "네가 뭘 제대로 하는 게 있느냐?"라는 냉소적인 말을 아버지에게 들어 왔다. 아버지에 대한 무의식적 공격성이 그의 콤플렉스로 작용하여 B 자신도 모르게 권위주의에 대해 강한 반응을 하는 것이다. 그 탓에 B는 사회생활에 지장이 있을 지경이 되었다.

　　콤플렉스란 사고의 흐름을 훼방 놓고 우리를 당황시키거나, 감정의 흐름을 뒤흔들거나, 우리 가슴을 찔러 목이 메게 하는 그 무엇이다. 잘 통합되어 있던 의식의 질서를 일시적으로 또는 지속적으로 흩트려서 교란한다. 그 결과 나도 모르게 말실수를 하거나, 화를 내거나, 중요한 약속을 까맣게 잊어버리는 일이 생긴다. 더구나 내가 콤플렉스를 의식하지 못하는 경우에는 손쓸 틈도 없이 문제가 걷잡을 수 없이 커지기도 한다.

콤플렉스도 나의 일부이다

평소 자신에게 마음에 들지 않는 면 한두 가지쯤은 있을 것이다. 그리고 그런 지점들은 대부분 콤플렉스로 자리 잡는다. 사실 콤플렉스가 한두 가지 있는 정도라면 그 사람의 정신은 건강하다고 평가하고 싶다. 마음에 드는 것이 하나도 없다고 하는 사람들도 많으니 말이다. 그런 사람을 나는 '순도 100퍼센트 콤플렉스 덩어리'라고 부르기도 한다. 이들은 어디를 건드려도 발끈한다. 어떤 주제로 얘기를 해도 자기와 연관시키면서 풀이 죽고, 다른 이들과 비교를 하고, 열등감과 자격지심을 느끼고, 남을 부러워한다. 자기가 갖지 못한 부분, 남보다 못한 부분에 예민하다. 타인과의 1퍼센트 정도 차이를 넘을 수 없는 벽으로 느끼고, 그것이 인생에서 성공하지 못하거나 만족할 만한 삶을 살 수 없는 결정적 이유라고 굳게 믿는다.

하지만 콤플렉스는 상대성 이론에 의해 움직이기 마련이다. 실제보다 자기 눈에만 더 크게 보여 문제를 일으킨다. 그렇게 생긴 콤플렉스가 삶의 중심에 자리 잡아서 살아가는 데 족쇄가 되어 버린다면 그것은 큰 문제가 아닐 수 없다. 극단적인 예로, 피부가 좋지 않아서 사람들이 쳐다보는 것이 싫어 밖으로 나가지 못하고 취업을 포기한 사람의 이야기도 나는 들었다.

콤플렉스는 때론 치명적이지만, 우리가 몸에 병균 한두 개 정도는 가지고 살고, 그것이 면역력을 유지하는 데 도움을 주듯이, 우린 모두 몇 가지 콤플렉스를 의식과 무의식 차원에서 일상적으로 갖고 살아간다. 콤플렉스는 내 마음의 구조에서 중요한 요소 중 하나이다. 단지 콤플렉스가 있다고 해서 이를 삶의 결격 사유로 여겨서는 안 된다. 그 존재의 불가피성을 받아들여야 한다. 그렇지 않으면 제아무리 주변에서 우러러보는 대단한 인물이라도 콤플렉스 때문에 자신을 멸시하며 평생 고통 받을 수 있다.

우리는 인간에게 콤플렉스가 존재할 수밖에 없다는 것을 인정하고, 그다음으로 자신의 콤플렉스가 도대체 무엇인지 알아보려는 것부터 시작해야 한다. 평소 내가 어렴풋이 느끼던 것들 중에 이런 것이 있을 것이다. 가능한 남에게 보이고 싶지 않은 것, 드러나는 순간 수치심이 느껴지는 것, 관련 이야기가 나오면 최대한 빨리 화제 전환을 하고 싶은 것. 이런 것들이 내 콤플렉스와 연관된 주제일 가능성이 많다. 혹은 누군가 지나가는 말로 던지거나, 나와 직접 상관이 없는 이야기를 하고 있는데도 어떤 내용이 나를 자극한다면, 그래서 그 얘기에 열을 내게 되거나 이유 없이 감정이 상한다면, 그 역시 콤플렉스와 관련된 것일 가능성이 높다.

콤플렉스가 많거나 그 상처가 깊은 사람들, 또 콤플렉스 때문에 자주 흔들리는 사람들은 무엇이 콤플렉스인지 잘 들킨다. 심리적으로 안정된 사람들은 자신의 콤플렉스가 무엇인지 잘 알고, 잘 방어할 수 있기 때문에 콤플렉스를 잘 감추고 보이지 않게 할 수 있다. 그러나 대부분의 사람들은 그렇게 하지 못한다. 상대는 전혀 의식하지 않는데 죄지은 사람처럼 뭔가를 서투르게 감추려는 행동을 해서 스스로 콤플렉스를 드러내는 일이 벌어진다.

콤플렉스가 노출되었을 때, 악의적이든 아니든 신랄한 공격을 받게 되는 경우가 있다. 때론 집단적 놀림거리가 되는 일도 일어난다. 놀림의 대상이 대단할 필요도 없다. 어린 시절에 얼마나 쉽게 친구들을 놀리거나 자신이 놀림 받았는지 생각해 보라. 놀림 받는 이가 부끄러워하고 감추고 싶어 하는 것이라면, 손등에 난 작은 사마귀 하나만으로도 충분하다. 결함의 크기와 상관없이 누군가에게 콤플렉스라는 사실 자체가 공격을 불러일으키기 때문이다.

스스로 콤플렉스를 드러내거나 간파당하여 몇 번 공격을 당하면 아무리 별거 아닌 결함이라도 자신의 결함이 더욱더 싫어지고, 콤플렉스가 더 깊어져서 그것을 더 쉽게 드러내는 악순환에 빠진다. 콤플렉스를 더 쉽게 노출하고 더 쉽게 공격받는 사람이 된다. 결국에는 그런 약점을 지닌 나의 모든 것이 싫어진다. 게다가 그것이 고칠 수 없고 변화가 불가능 한, 키나 국적, 피부색과 같은 문제라면, 인생을 개선하는 것은 불가능하고 더 이상의 인생살이는 의미가 없을 것 같다는 극단적 결론까지 내릴 수 있다.

벗어나기 힘든 콤플렉스의 늪. 이 문제의 해법을 예능인들은 보다 공격적으로 제시한다. 자신의 콤플렉스를 알고 받아들이는 것 이상으로 과감히 드러내는 것이 도리어 콤플렉스를 해결하는 길일 수 있다고 그들은 말한다.

콤플렉스를 적극적으로 드러내라

「개그콘서트」의 인기 코너 '네 가지'는 우리 사회의 일반적 콤플렉스 네 가지를 다룬다. 촌스러움, 작은 키, 인기 없음, 과체중. 이를 우스꽝스럽고 자조적으로 이야기하긴 하지만, 남들이 생각하는 것만큼 자신들이 문제가 있는 것이 아니고, 자신들은 사실 괜찮게 살고 있다고 주장하며 웃음을 유발한다.

'네 가지'의 네 남자는 자신의 콤플렉스를 솔직히 털어놓으면서도 "나 그렇게 나쁘지 않아.", "이 정도 생겼으면 키 조금 작은 것 가지고 뭐라고 하지 마.", "알고 보면 나도 어느 정도는 인기가 있어."라고 당당히 말한다. 콤플렉스를 정면으로 다루면서도 그것을 부끄러워하지 않고 당당하게 말한다. 나는 이 당당함이 이 코너가 대중들에게 즐거움을 주는 이유라고 생각한다. 과거 예능 또는 코미디 프로그램에서는 타인의 콤플렉스를 공격하고 그들이 속수무책으로 당하는 과정을 보여 주며 웃음을 유발하던 것과 대비되기도 한다.

김제동은 눈이 작은 것으로 유명하다. 사람들은 짓궂게 그의 안경을 벗겨 보려고 하고, 눈이 크지 않은 것에 대해 놀려 댄다. 하지만 여기에 발끈하지 않고 그는 말한다.

저는 눈이 작아서 아주 좋습니다. 지금까지 눈병이 한 번도 걸리지 않았습니다. 잘 보이느냐고 묻는 분들이 많은데, 네, 잘 보입니다. 저는 눈으로 보지 않고 마음으로 봅니다.

그의 담담한 대응은 상대가 할 말을 잃게 만든다. 김제동은 유머와 당당함으로 건강하게 방어한 것이다.

강호동은 운동을 하느라 공부할 기회를 놓친 것을 도리어 강력한 무기로 삼는다. 지적이지 못한 자신의 이미지를 적극적으로 이용하여 「무릎팍도사」에서 게스트에게 묻는다. "전 못 알아듣겠는데요. 제가 알아들을 수 있게 설명해 주실래요?" 특히 대중이 어렵게 여길 수 있는 유명인사가 나오면 이런 식으로 먼저 물어서 게스트가 시청자의 최저 눈높이에 맞춰 가능한 쉽게 말을 하도록 유도하고 모든 시청자들이 방송을 편하게 볼 수 있도록 배려했다. 아마도 이것이 「무릎팍도사」가 성공할 수 있었던 핵심 비결이었을 것이다. 예능 프로그램에 나오지 않던 사회 유명인사들이 「무릎팍도사」의 게스트로 나오게 된 것도 강호동이 시청자의 눈높이로 자신의 이야기를 풀어 줄 것이라 기대했기 때문이다.

「개그콘서트」의 담당 PD 서수민은 한 강연에서 말했다.

개그맨들은 스스로의 열등감, 즉 단점을 잘 요리하고 적극적으로 드러내는 경우 오히려 성공했다. (중략) 열등감을 드러내는 순간 나밖에 못 하는 고유한 장점으로 바뀔 수 있다.

그렇다. 예능인들이 약점이나 콤플렉스를 자신의 개성으로 드러내 이를 캐릭터로 만들고, 먼저 주도적으로 이야기하고 당당하게 노출함으로써 오히려 장점으로 만들어 버리는 것을 주의 깊게 보자. 우리는 누구나 변화를 두려워한다. 특히 콤플렉스는 건드리기도 무섭고 보기도 무서운, 마음 안의 어두운 뒷골목 같은 동네다. 그렇지만 동시에 언젠가는 불을 밝히고 문제를 해결하고 넘어가야 할 곳이기도 하다. 바로 그렇기에 먼저 당당하게 드러내는 것이 콤플렉스를 해결하는 좋은 방법이 될 수 있다.

열등감을 불러일으키는 결점이라 여겼던 곳의 봉인을 과감히 풀어 보는 것은 어떨까? 약점이나 콤플렉스라고 느끼는 부분은 개성의 한 요소가 될 수 있다. 데프콘은 큰 덩치와 험악한 인상 탓에 고등학생 때부터 건달로 오인을 받곤 했지만, 그런 외모와 상반되는 '의외로 귀여운 모습'과 입담을 대중에게 보였고, 정형돈과 함께 아예 외모에 걸맞은 동네 건달 콘셉트로 '형돈이와 대준이'라는 프로젝트 그룹을 결성하여 순식간에 예능 기대주가 되었다. 내가 갖고 있는 것 중 "이건 쓸모없어.", "이건 내 인생의 족쇄야."라고 여겼던 부분들이 내 인생의 돌파구가 될 수도 있는 것이다.

또 콤플렉스를 공개해 버리면, 콤플렉스를 부정하고 남에게 알리지 않기 위해서 소모하던 에너지를 더 이상 낭비하지 않을 수 있다. 콤플렉스가 강한 사람은 콤플렉스가 언제 어디서 건드려질지 두렵기 때문에 그걸 막기 위해 전 방위 마크를 하며 경계 태세를 갖추고 살아간다. 누가 내 키에 대해 얘기할까 봐, 내 학력에 대해 지적할까 봐, 외모를 놀릴까 봐 불안해한다. 의식하지 못하지만 사실 많은 에너지를 쏟아붓는 일이다. 하지만 콤플렉스를 개방해서 전면 배치를 한다면? 마음의 에너지 소모량이 줄어들 것이다. 몸과 마음이 훨씬 가벼워지고, 남은 에너지를 창조적으로 재투자할 수 있는 통로가 열린다.

콤플렉스와 정면 승부하라. 콤플렉스를 적극적으로 드러내라. 콤플렉스에 대한 관점을 바꾸고 용기를 갖는다면 인생을 바꾸는 일이 일어날 수 있다.

나를 사랑하는 것은 나부터여야 한다

아무도 나를 좋아하지 않는다며 힘들어하는 이들이 있다. 키가 작아서, 곱슬머리라서, 사투리가 심해서, 집이 가난해서, 못 배워서……. 이유는 넘친다. 그런데 '아무도'에서 정말 중요한 한 사람이 빠져 있다고 말하고 싶다. 바로 '나'다. 내가 나를 좋아해야만 한다. 모두가 나를 싫어하는지 아닌지는 중요하지 않다. 다른 사람의 마음이란 확인할 길도 없는 일이다. 그렇지만 나만은 나를 좋아하는 끈을 놓아서는 안 된다. 나라는 집을 아무도 좋아하지 않는다고 해서 방치하면 그 집은 금방 폐허가 된다. 집주인이 집을 사랑하지 않아 떠나 버리면 그 집은 누구도 가까이 가기 꺼려하는 폐가가 된다. 나를 좋아하는 것은 나부터여야 한다. 내가 시작이다.

키가 작은 하하는 '꼬마' 캐릭터로 방송에서 자리를 잡았다. 하하는 자신을 너무 사랑한다는 듯한 특유의 제스처를 하곤 한다. 두 팔로 자신을 감싸 안고 팔에 뽀뽀를 하면서 "나는 내가 너무 좋아.”라고 말하는 것이다. 특별히 노래를 잘하는 것도 아니고, 말솜씨가 아주 재치 있는 것도 아니고, 호감형 얼굴도 아닌 그이지만 그런 마음이 있기에 보는 이에게 즐거움을 주고 몇 년째 대중의 사랑을 받는 것이 아닐까 하는 생각을 해 본다.

내가 나라는 집을 쓸고, 닦고, 가꾸면 사람들도 관심을 갖는다. 폐가 같은 집은 사람들이 경계를 하며 얼른 지나치면서 보게 되지만, 아름답게 가꿔진 집은 유심히 보게 된다. “이 안에 뭐가 있기에 저렇게 열심히 쓸고, 닦고, 가꾸는 것일까?” 하는 호기심이 생기기 때문이다. 그러면 한 명씩 찾아오는 이가 생기고, 어느덧 그 작은 집은 사람들로 붐비기 시작할 것이다.

‘누군가를 생각하는 나’보다 ‘자신을 생각하는 나’가 타인도 행복하게 한다. 콤플렉스는 마법처럼 크기가 변한다. 내가 자꾸 쳐다보고 부끄러워하고 숨기려 하면 할수록 자꾸만 커져 마음의 중심을 차지해 버린다. 그러나 드러내고 직시하면 오히려 별거 아니라 할 만큼 작아진다.

‘나’라는 사람은 우리 생각보다 더 크다. 콤플렉스는 나를 구성하는 수많은 요소 중 일부일 뿐이다. 콤플렉스가 나를 망치는 것이 아니라, 그걸 부끄러워하고 숨기려고 하는 내가 나를 망친다. 콤플렉스도 나의 일부이다. 나의 개성이자 강점이 될 수 있다. 나부터 나를 사랑하자. 콤플렉스도 열심히 쓸고, 닦고, 가꿔 보자. 여기서부터 시작한다면 오히려 콤플렉스는 인생을 살아 나가는 가장 큰 힘이 될 수도 있다.

 나만의 캐릭터로
누구나 기억하는 사람이 되라

캐릭터란 무엇인가

캐릭터는 원래 인물의 성격을 뜻하지만, 예능에서 캐릭터란 누구 하면 떠오르는 특정 인상이나 이미지를 말한다. 예능인들이 예능 프로그램에서 활동을 할 때 제일 큰 고민은 바로 캐릭터를 만들어 가는 것이다. 지금은 제법 대세 소리를 듣는 정형돈도 예전에는 예능 프로그램에서 빵빵 터트리지 못했다. 처음 「무한도전」에 합류했을 때 오죽하면 그에게 주어진 캐릭터가 '웃기는 것만 빼고 다 잘하는 개그맨'이었다. 그런데도 정형돈은 기꺼이 그 캐릭터를 받아들였고, 한편으로 즐겼다. 그럴 수밖에 없었던 것이 그런 캐릭터라도 없는 것보다 낫기 때문이었다.

박명수는 별명도 많고 그만큼 캐릭터도 많다. 「무한도전」을 300회까지 하면서 생긴 별명만 294개다. 거성, 2인자, 쭈구리, 찮은

이 형 등등. 어떤 것은 단발로 끝나고 어떤 것은 생명력을 얻어 박명수의 인기를 높여 줬다. 사실 강력한 개인기가 있거나 순발력이 뛰어난 것도 아닌 박명수가 꾸준히 인기를 얻게 된 원동력은 그의 독특한 캐릭터 때문이라고 할 수 있다.

그래서 예능에서는 비호감 요소까지도 캐릭터 구축에 이용된다. 급기야 '제국의 아이들'이라는 아이돌 그룹의 멤버 황광희는 "데뷔하기 전에 성형수술을 받느라고 1년 반을 누워서 지냈어요."라며, 다른 이들은 껄끄러워하는 내용의 고백을 우스꽝스럽게 던지며 대중에게 큰 인상을 남겼다. 덕분에 그는 '성형돌'이라는 전무후무한 캐릭터가 되었고, 그 이미지로 지금도 인기를 끌고 있다.

이러한 캐릭터 전쟁은 예능 세계에서만 일어나는 일이 아니다. 우리는 사회생활을 하면서 자신의 인상을 분명히 남기기 위해 애쓰고, 다른 사람들에게도 알게 모르게 자꾸 캐릭터를 부여한다. 상대를 쉽게 파악하고 분류하기 위해 캐릭터를 만들고 다른 사람들과 공유한다.

"저 친구 어때?"

"아, 구매팀 한 대리? 네이버 지식 검색이야. 모르는 게 없어. 박학다식하더라고."

"맞다. 잡다하게 아는 게 많던데? 지식 검색 맞네. 하하."

한 대리에게도 아마 다른 이미지나 다양한 성격 특성이 있을 것이다. 내향적인 성격일 수도 있고, 영어를 잘할 수도 있고, 젊은 나이에 머리가 벗겨졌을 수도 있다. 그러나 그가 속한 조직의 다른 구성원들이 볼 때 그의 가장 두드러진 특징은 박학다식이었기에 '지식 검색'이 그의 캐릭터가 된 것이다.

이렇듯 캐릭터는 인물의 여러 가지 특성 중에서도 특정 이미지를 명확하게 해 주는 기능을 한다. 그럼으로써 사람들 사이에서 자주 회자되고, 쉽게 기억에 남게 해 준다.

캐릭터는 힘이 세다

스쳐가는 수많은 사람들 중에 "아…… 그 사람!" 하고 강한 인상을 주면서 다른 사람들과 차별이 되는, 배타적인 자기만의 이미지를 남기기란 정말 어렵다. 하루에도 명함을 여러 장 주고받지만 몇 달 후에 보면 명함의 주인이 누구였는지 얼굴을 기억할 수가 없다. 그러한 피로를 느끼던 중 최근 나는 명함에 자기 캐릭터를 분명히 드러낸 분을 만났다. KBS의 박대기 기자다.

그는 몇 년 전 폭설이 내리던 날, 머리와 어깨에 눈을 잔뜩 맞은 채 현장 중계를 해 유명해졌다. 하지만 실제로 만나 본 박 기자는 조용하고 눈에 띄지 않는 평범한 인상이었다. 나는 그를 기억해 내지 못하고 별생각 없이 그를 맞이했다가 건네준 명함 한구석에 작게 그려진, 눈을 잔뜩 맞고 서 있는 캐리커처를 보고서야 '아하, 이분이 그분이구나.' 하고 연상을 해냈다. 박대기 기자는 한 번의 현장 취재 장면으로 국민적 유명세를 탄 것을 몇 년이 지난 후에도 취재를 위해 적절히 활용하고 있었다.

　캐릭터가 명확한 사람은 언제 어디서든 '나는 이런 사람이다.' 라고 한 번에 알릴 수 있다. 그렇다면 이런 식으로 자기 캐릭터를 만드는 것이 유용할까? 캐릭터가 고정관념을 만들어 오해를 받는 일이 생기지는 않을까? 사실 박대기 기자에게도 자신에 대해 알리고 싶은 다른 개성이 훨씬 많을 텐데 말이다.

　결론은 '그럼에도 그렇다.'이다. 이는 효율성을 추구하는 우리 뇌의 시스템 때문이다. 우리 뇌는 에너지를 가능한 적게 쓰는 방향으로 움직이도록 세팅되어 있다. 1450그램의 작은 뇌는 사람이 쓰는 총 에너지의 무려 20퍼센트를 사용하는, 연비가 그리 좋지 않은 고급 시스템이다. 그렇기 때문에 뇌는 어떻게든 에너지를 낭비하지 않고, 가장 효율적으로 의사 결정과 판단을 하도록 되어 있다. 사람을 만날 때마다 매번 처음부터 수백 가지 가능성을 열어 놓고 하나하나 판단을 하기보다는, 몇 가지 카테고리를 정해 놓고 큰 범위에서 대분류를 하는 것이 에너지를 보다 효율적으로 쓰는 방법이다. 사람들이 흔히 성격을 혈액형에 따라 분류해서 A형은 소심하고, B형은 까칠하다고 생각하는 것도 같은 맥락이다. 결국 우리 뇌는 캐릭터로 사람을 파악하는 것을 선호할 수밖에 없다. 그것이 에너지가 덜 들기 때문이다.

　물론, 모든 사람의 실제 특성은 한 가지 캐릭터로 표현될 만큼 간단하고 단순하지 않기 때문에 이로 인해 오해가 벌어지고 편견의 씨앗이 만들어질 수도 있다. 하지만 많은 사람을 만나야만 하고 수많은 정보가 쏟아지는 현대사회에서 우리 뇌는 좀 더 효율적으로 작동하려고 애쓸 수밖에 없다. 뇌는 기존에 갖고 있던 캐릭터 사전을 기반으로 우리가 만나는 사람을 일차적으로 파악한다. 겉으로는 까칠하지만 자기 고양이에게만은 따뜻한 도시남, 낮에는 일반인 코스프레를 하지만 밤에는 온갖 하위문화를 즐기는 직장인 오타쿠, 매년 여행을 떠나야 직성이 풀리는 자유로운 영혼 등. 사람들을 만날 때마다 지속적으로 그들의 캐릭터를 파악하려고 노력하고, 동시에 캐릭터가 없는 사람은 잘 기억하지 못한다.

심지어 우리는 캐릭터가 잘 파악이 되지 않는 사람에 대해서 경우에 따라서는 불쾌감을 느끼기도 한다. 무미건조하고 불분명한 느낌의 사람에 대해 우리 인식은 뭐가 뭔지 모를 모호한 상태에 머무른다. 이런 경우 인간의 뇌는 먼저 '위험할지 모른다.'라고 판단한 후 만에 하나 있을지 모를 위험한 상황에 신속히 대처하도록 세팅이 되어 있다. 그래서 한두 번 만났는데 잘 파악이 안 되는 사람에 대해서는 거리를 두고 싶고, 알 수 없는 긴장을 하게 된다.

자기만의 캐릭터를 갖는 것은 자신의 존재감을 분명히 드러내고, 타인과 적절한 관계를 맺고, 나아가 생존을 하는 데 중요한 문제가 된다. 우리는 자신이 어떤 캐릭터가 될 수 있을지, 다른 사람들에게는 어떤 캐릭터로 보이는지 진지하게 생각해 볼 필요가 있다. 이를 위해서 우리는 자신에 대해 잘 알아보아야 한다.

타인이 보는 나도 내 모습이다

아래는 '조하리의 마음의 창(Johari's window)'이다. 내 모습 중
내가 아는 것과 모르는 것, 타인에게 알려진 것과 알려지지 않은 것
을 기준으로 영역을 넷으로 나눠서 각각의 의미를 파악하는 것이다.

	자신이 아는 나	자신이 모르는 나
타인에게 알려진 나	1 열린 창	2 보이지 않는 창
타인에게 알려지지 않은 나	3 숨겨진 창	4 미지의 창

1번 영역은 나 역시 노출을 꺼리지 않는, 누구나 아는 공개된
나의 모습이다. 2번 영역은 나는 모르지만 남들 사이에 알려져 있는
나의 모습으로, 평판 같은 것을 말한다. 3번 영역은 나는 알지만, 남
에게는 알리고 싶지 않은 숨겨 둔 나의 모습이다. 여기에서 나도 모
르고 남도 모르는 4번 미지의 영역은 가만히 놔두자. 그리고 이미 공
개된 1번 영역에 대해서 주목하고, 그리고 나는 모르나 남들은 아는

2번 영역에 대해서 주목하도록 하자.

우리는 자신이 생각하는 좋은 모습을 최대한 부각시키고 그것이 자기 캐릭터의 주요한 핵심이 되기를 원한다. 그러나 안타깝게도 현실에서 내 캐릭터는 내가 아니라 남들이 나에 대해 아는 부분이 90퍼센트를 차지한다. 그중 일부는 나도 이미 아는 것이겠지만 사실 내가 모르는 부분이 더 많을 것이다. 심지어 내가 장점으로 생각하는 부분이 남들이 보기에는 단점으로 부각될 수도 있다. 나는 내가 성실하다고 생각해 왔는데, 알고 보니 사람들은 나를 꽉 막히고 융통성이 없는 사람으로 알 수 있다. 또 나는 내가 계산이 정확하고 분명한 사람이라고 자부해 왔는데, 남들이 볼 때에는 일은 잘하나 정이 안 가는 사람으로 통할 수도 있다.

우리는 자신의 특성 중 우리가 남에게 보이고 싶은 부분만 드러나 있다고 생각하는 경향이 있다. 하지만 사실은 남들이 나보다 나에 대해 더 많이 알고 잘 파악하고 있는 경우가 많다. 그렇기에 나에 대해 정말 잘 알려면 내 평판을 알아보려는 결단이 필요하다. '조하리의 마음의 창'에서 2번 영역에 대한 인식을 넓혀 보는 것이다.

이런 방법을 써 보자. 내가 아는 내 특성의 가장 어두운 면을 생각해 내어 이런 식으로 넌지시 던져 보는 것이다. "제가 좀 꽉 막힌 데가 있죠?" "저 때문에 고생하시죠? 제가 융통성이 떨어질 때가 있어요." 이때 만일 상대가 씩 웃으면서 '이제야 알았니?'라는 눈빛으로 쳐다본다면? 땡동. 안타깝지만 당신의 짐작이 맞은 것이다. 누군가에게 먼저 당신은 사실 이런 사람이다라고 말하는 것은 쉽지 않다. 인간관계를 망칠 결심을 하지 않는 한 어려운 일이다. 하지만 내가 먼저 시작하면 저쪽도 한결 편히 얘기해 줄 수 있다.

모든 성격 특성은 양날의 칼과 같아서 밝은 면이 있는 만큼 어두운 면도 공존한다. 그것은 본질은 같지만 드러나는 방식이 다를 뿐이다. 성실함은 그 사람의 장점일 때도 있지만 그런 특질은 융통성이 없고 한 방향만 보고, 급작스러운 변화에 질색을 한다는 단점으로 두드러질 수도 있다. 나를 정확히 잘 알려면 2번 영역에 대한 파악이 중요하다. 나에 대한 내 생각과 이미지도 중요하지만, 타인의 시각을 알아야 실제에 가까운 내 모습을 파악할 수 있기 때문이다.

내 안의 고유한 디테일을 사랑하라

인간은 밝은 면, 바람직한 면으로만 구성되어 있지 않다. 양면이 존재한다. 우리는 남들에게 밝고 좋은 면만 보여 주고 싶지만, 실제로 그것은 불가능하다. 설령 가능하다 해도 그런 완벽한 모범생 캐릭터는 기억에 남지도 않고, 흥미롭게 느껴지지도 않는다.

평소에 거의 완벽하게 모범적이고 성실한 모습을 보여 주는 유재석도 「무한도전」에서 역할극을 할 때 '메뚜기' 외에는 꽤 오랫동안 마땅한 캐릭터가 없어서 'MC 유' 또는 '유 반장' 역할만 했다. 최근에야 '사람은 참 좋은데 놀 때 재미없는 형' 또는 '유능하지만 잔소리가 심한 유 부장'이라는 캐릭터를 잡아서 재미도 주고, 더 친근하게 보이기 시작했다. 조금은 단점도 있고, 때로는 성질을 부리기도 하고, 콤플렉스도 있는 사람이 더 인간적이고 생생한 캐릭터로 보이는 법이다.

콤플렉스이거나 내가 좋아하지 않는 나의 특성도 내 캐릭터를 구성하는 하나의 요소로 받아들이고 애써 부정하거나 덮으려 하지 말자. 오히려 사람들은 긍정적으로 받아들일 수도 있다.

개그맨 김영철은 가수 하춘화의 성대모사를 자주 한다. 한때 하춘화는 김영철의 과장된 눈빛과 몸짓, 목소리를 싫어했다고 한다. 그러나 생각을 바꾼 후에 그녀는 김영철과 예능 프로그램에 동반 출연을 했고, 그녀가 싫어했던 성대모사의 특성을 김영철보다 더 과장해서 '자신을 흉내 내는 김영철'을 흉내 내어 인기를 끌었다. 이후 두 사람은 광고도 함께 찍었고, 젊은 세대들은 잘 모르는 가수였던 하춘화는 어느새 젊은 세대도 깊이 기억하는 사람이 되었다.

비록 사람들이 바라보는 내 모습이 처음에는 마음에 안 들고, 왜 내가 이런 캐릭터로 비치는지 속이 상할 수도 있다. 그러나 그 모습 역시 내 모습이다. 내가 그걸 어떻게 받아들이고, 활용하느냐에 따라 상황은 충분히 달라질 수 있다. 김제동은 자기 눈이 작은 것을, 강호동은 경상도 사투리를 쓰는 것을, 하물며 김국진은 이혼의 상처라는 콤플렉스를 캐릭터의 일환으로 이용하고 있지 않은가.

수많은 사람이 찰나적 만남과 헤어짐을 반복하는 현대사회에서 짧은 시간 안에 나의 존재를 명료하게 알리는 것은 중요한 문제이다. 이를 위해 캐릭터란 개념은 분명히 유용하다. 캐릭터가 내 인생의 짐이 아니라 힘이 되도록 하는 것은 내 인식에 달려 있다.

결국 지금의 나를 좋아해야 한다. 내가 아는 나를 알고, 타인이 바라보는 나를 알고, 그렇게 해서 파악한 나를 내가 좋아해야 한다. 좋은 캐릭터, 나쁜 캐릭터는 없다. 모두가 다 다른 캐릭터가 있을 뿐이다. 모두가 다 똑같이 잘생기고, 키 크고, 성격이 무난하면 누가 누군지 구별이 되지 않을 것이다.

나만의 캐릭터를 갖는다는 것은 독특한 '화성인'이 되라는 것이 아니다. 디테일의 작은 차이에서 개성은 살아난다. 작은 디테일의 차이가 뚜렷한 캐릭터를 만든다. 하지만 그런데도 그 차이가 쉽지 않아 세상에는 고만고만한 사람들로 가득 차 있고, 한 달 전 만난 사람을 다시 만나도 언제 어디서 만났는지 쉽게 기억하기 힘들다. 그러니 조금이라도 남과 다른 점이 있다면 그것을 소중히 여기라. 그것을 사랑하고 그 디테일을 살리라. 한두 번 만남에도 오랫동안 그 느낌과 인상이 남는 사람이 되기 위해서 필요한 것은 스펙이나 사회적 지위가 아니라, 나란 사람 안에 있는 그 고유한 디테일이다. 그것이 바로 당신을 기억에 오래 남을 인상적인 캐릭터로 만들어 줄 것이다.

4 어떤 돌발 상황에서도
상황을 장악하라

돌발 상황이 더 흥미진진한 리얼 버라이어티 세계

강호동이 메인 MC였던 「1박 2일」 1시즌에서 있었던 전설적 에피소드다. 매주 새로운 여행지로 떠나는 이 예능 프로그램에서 목적지를 울릉도로 잡은 적이 있었다. 그런데 14호 태풍 차바 때문에 기상악화로 배를 타지 못하게 되었다. 울릉도 여행에 맞춰 모든 촬영 준비를 해 놓았는데, 기상 상황 탓에 모든 것이 백지가 된 것이다. 보통의 경우라면 준비했던 것이 불가능해졌으니 그날 촬영은 포기하고 해산했을 것이다. 그리고 다른 내용의 방송이 나갔을 것이다. 그런데 실제 방송은, 울릉도로 못 가게 되자 바로 그 자리에서 「1박 2일」 팀의 출연진과 제작진이 머리를 맞대고 다른 여행 장소를 물색하기 시작한 이후 전 과정이 모두 방영되었다.

출연진은 일단 아침밥은 먹자며 이왕이면 누가 밥값을 낼지

내기를 하자고 제안해 담당 PD 나영석과 강호동이 게임을 했다. 밥을 먹으면서 대안을 찾던 중 강호동이 뜬금없이 즉석에서 이만기와 통화를 하더니 씨름 대결을 제안했고, 놀랍게도 바로 성사되었다. 이 모든 과정이 대본 없이 일어난 일이었다. 촬영팀은 인제대학교 교수로 있는 이만기를 찾아갔고, 이만기와 강호동의, 세기의 씨름 대결을 재연하는 등 어쩌면 원래 울릉도에서 예정되었던 것보다 더 흥미진진한 내용이 전파를 탔다.

이것이 리얼 버라이어티의 세계다. 예상했던 환경이 바뀌어도 포기하지 않고, 거기에 맞춰서 새로운 상황을 능동적으로 만들어 내는 것이다. 매끈하게 잘 빠진 결과물만 보여 주려 했다면 다른 날 새로운 촬영을 계획해야 했을 것이다. 하지만 「1박 2일」은 그렇게 하지 않았고, 예상 외 난관에 맞닥뜨려 그것을 해결해 나가는 과정을 여과 없이 시청자에게 보여 줬다.

결과보다는 과정이 더 중요해졌다. 시청자는 출연진들의 개성 있는 캐릭터, 박진감 넘치는 게임, 재미있는 벌칙 등을 기대하고 즐기기도 하지만 돌발 상황이 벌어졌을 때 출연자들이 적극적으로 대처해 가는 과정에도 열렬히 호응한다. 계획한 내용이 아니기 때문에 방송이 다소 엉성해 보일 수 있지만, 그래도 우리는 예능 프로그램에서 돌발 상황이 발생하면, 그 당황스러움에 충분히 공감하면서 해결 과정을 더욱 흥미진진하게 지켜보게 된다. 아마 우리도 일상에서 늘 돌발 상황을 만나고, 새로운 상황에 적응해 나가는 것이 일생의 숙제이기 때문일 것이다.

자기만의 시각에서 주도적으로 상황을 장악하라

적절하게 환경에 대처하여 살기 편안하게 되어 가는 과정을 '적응'이라고 한다. 그동안 우리는 주어진 환경에 나를 얼마나 잘 끼어 맞추고, 거기에서 통용되어 온 규칙에 얼마나 빨리 맞춰 가는가로 적응력을 평가해 왔다. 적응은 얼마나 빨리 효율적으로 무리 없이 환경에 맞춰 갈 수 있는가에 달려 있었다. "로마에서는 로마법을 따르라."라는 것이다.

안정적인 환경에서는 보통 환경에 잘 순응하는 사람들이 좋은 평가를 받는다. 그러나 요즘처럼 환경이 격변하는 시대에는 좀 더 적극적인 개념의 적응이 요구된다. 주어진 환경에 무조건 맞추기보다는 적극적으로 나를 드러내고 자기 주도적으로 상황을 파악하고 개척해서 환경과 조화를 이루는 적응이 더 바람직하다.

'프로크루테스의 침대'라는 말이 있다. 그리스 신화에 나오는 프로크루테스는 '늘이는 자' 또는 '두드려서 펴는 자'를 뜻한다. 그는 강도인데, 아테네 교외의 케피소스 강가에 살면서 지나가는 나그네를 집에 데려와 쇠 침대에 눕히고는 침대 길이보다 짧으면 다리를 잡아 늘이고, 길면 잘라 버리는 식으로 살인을 저지른다. 적응의 과정을 이런 '프로크루테스의 침대' 상황처럼 생각해서 억지로 적응하는 것은 어마어마한 출혈을 불러일으킨다. 내 다리를 늘이거나 줄이는 데는 한계가 있기 마련이고, 무조건적으로 환경에 맞추려고 노력하다가는 가랑이 찢어지는 일이 생긴다. 또한 모두가 이런 식으로 환경에 적응을 한다면 찍어 낸듯 비슷한 인간만 생겨날 것이다.

미우치 스즈에의 만화 『유리 가면』에는 연극배우로 성장해 나가는 마야라는 소녀가 나온다. 정식 교육을 한 번도 받은 적 없는 마야는 한 번 들은 대본은 다 외우고, 본 연기는 그대로 재연할 수 있다. 그것만으로도 천재라 할 수 있는데, 그녀의 진짜 재능은 새로운 상황에 대해 자기만의 방식으로, 즉각적이고 창의적으로 반응하는 엄청난 적응력에 있다.

새로 시작하는 연극의 오디션 장. 오디션 과제가 주어지자 모두 경악한다. 평소의 오디션이라면 공연을 올릴 대본의 한 장면을 연기하게 하거나, 준비한 장기를 해 보라고 했을 것이다. 모두들 거기에 맞춰 준비했다. 하지만 연출가가 낸 오디션 과제는 의미 없어 보이는 대사 몇 마디에 맞춰 상황을 만들어 보라는 것이었다. 모두들 당황했고, 세칭 '멘붕'에 빠진다. 이때 마야는 씩 웃으면서 말한다. "아, 이런 거예요? 와 재미있겠다."

다른 경쟁자와 오디션 관계자는 놀란다. 마야는 먼저 손을 들고 일어나, 오디션 장으로 들어가 거침없이 1인극을 펼친다. 시간이 지나 다른 후보도 손을 들고 시도했으나 제대로 해내지 못한다. 모두가 당황하고 있을 때 마야가 다시 손을 든다. "혹시 한 번 더 해 봐도 돼요? 또 해 보고 싶어요." 기라성 같은 쟁쟁한 후보들을 자리에 얼어붙게 만들고, 마야는 씩씩하게 오디션 장으로 들어가서 또 다른 장면을 연기한다. 당연히 마야는 주인공으로 캐스팅된다.

마야가 오디션에 통과할 수 있었던 것은 주어진 대사 안에 갇

히지 않았기 때문이다. 즉 무조건 대사에 자신을 맞추려 하지 않고, 보다 열린 사고를 하며 자신의 상상력에 오히려 대사를 맞췄다. 주어진 상황에 눌리지 않고, 자신을 중심에 두고 상황을 자유자재로 갖고 놀며, 완벽하게 상황을 장악해 버린 것이다.

우리는 대부분 마야와 함께 오디션 장에 왔던 다른 배우들과 비슷하다. 갑자기 상황이 바뀌면 당황해 버린다. 한동안 머리가 멈춰 버리고 상황이 정리되지 않는다. 그렇지만 지금 세상이 원하는 건 새로운 상황이 닥쳤을 때 적극적으로 뛰어들어 주도적이고 창의적으로 환경을 장악해 나가는 마야 같은 인물이다.

순응하지 말고 환경을 변화시키라

프로이트나 프란츠 알렉산더와 같은 정신분석가는 세상에 반응하는 방식이 두 가지 있다고 소개했다. 하나는 '자기 변형적 적응(autoplastic adaptation)'이고, 다른 하나는 '환경 변형적 적응(alloplastic adaptation)'이다. 자기 변형적 적응은 환경에 맞춰 자신을 변형시키는 것이고, 환경 변형적 적응은 환경을 자신에게 맞춰 변화시키려고 노력하는 것이다.

원래 우울이나 불안으로 힘들어하는 신경증 환자를 설명하기 위해 고안한 개념이다. 환경에 자신을 억지로 맞추다 보면 힘들면서도 내색은 하지 못하고, 자신이 무능하고 의지가 박약하다고 자학을 하게 된다. 남이 나를 어떻게 보는지 신경 쓰느라 자기를 돌보지 못하고 전전긍긍한다. 지나친 자기 변형적 적응 노력은 신경증적 불안과 우울이라는 증상을 만들어 낸다.

과거에는 이사나 이직이 평생 몇 번 없었지만 요새는 평생직장, 고향이라는 개념이 희미해졌다. 안정적으로 살고 싶고, 새로 주어지는 환경에 자기 변형을 열심히 하고 싶지만, 언제 또 환경이 바뀔지 모르니 마음이 편치 않고 에너지 소모가 많아 쉬이 피곤하고 지친다. 이사를 하기는 했지만 언제 또 이사를 할지 몰라 짐을 다 풀지 못하고 사는 사람의 심리와 같다. 고전적인 자기 변형적 적응 방법에만 익숙한 사람은 그래서 시간이 갈수록 지쳐 간다. 최근 들어 우울증과 불안 장애가 늘어나는 것도 이런 세태의 변화와 연관이 있다.

개그맨 김병만을 중심으로 한 프로그램 「정글의 법칙」은 환경 변형적 적응의 좋은 예를 보여 준다. 김병만은 멤버들과 함께 바누아트, 마다가스카르, 시베리아 등의 오지로 들어가 맨몸으로 살아 나간다. 아무것도 없이 마른 나뭇가지를 이용해 불을 지피는 데 성공하고, 모기떼를 퇴치하기 위해 코코넛 기름을 몸에 바르는 방식을 찾아낸다. 생존을 위해 온갖 도구를 만들어 낸다. 물고기 잡이용 통발, 깡통 밥그릇, 나무와 소똥 반죽으로 된 집, 파라솔, 코코넛 껍데기 오리발, 반자동 작살, 뗏목, 정글 궁, 랩 물안경, 야자 줄기 빗물받이. 모두 그가 이 프로그램에서 만든 도구들이다. 끊임없이 돌발 상황이 생기지만 '병만족'은 피하지 않고 주변 환경을 이용해 자신들에게 유리한 방향으로 상황을 끌어간다.

이제 우리 삶도 「정글의 법칙」처럼 상황 변화에 어떻게 기민하게 대처하고, 어떻게 적극적으로 상황을 이끌어 나가는지가 중요해졌다. 결과보다 문제를 해결하는 과정 자체가 더 중요해진 것 같다. 이제는 적극적으로 나서서 문제를 해결하려고 하고, 스스로 결과를 만드는 것에 기쁨을 느끼고, 그 과정을 통해 배우는 것이 있고, 그래서 결과가 썩 좋지 않더라도 다른 새로운 상황을 만나면 또 적극적으로 뛰어들 수 있는 사람이 필요하다. 주어진 환경에 순응하기만 하는 사람은 성장할 수 없다. 문제를 해결하는 과정 그 자체를 즐길 줄 알아야 바람직하게 적응하고, 또 성장한다.

결과보다 과정을 중요시할 때 우리는 성장한다

우리가 세상을 살아갈 때 어떤 생각의 틀을 갖고 있는가가 미래 성장의 판도를 바꾼다. 미국 컬럼비아 대학의 캐롤 드웩 교수는 이를 '마인드셋(mindset)'이라는 개념으로 설명한다. 그녀는 다음과 같은 실험을 진행했다.

초등학생을 두 집단으로 나눠 시험 문제를 풀게 하고, 한 집단에는 "넌 참 똑똑하구나."라고 칭찬을 했고, 다른 집단에는 "참 열심히 했구나."라고 칭찬을 했다. 이어서 두 번째 시험을 치르면서 하나는 아까처럼 쉬운 문제이고, 다른 하나는 아까보다 어려운 문제라고 설명했다. 똑똑하다고 칭찬을 받은 아이는 대부분 쉬운 문제를 선택했고, 노력을 칭찬받은 아이들은 90퍼센트가 더 어려운 문제를 선택했다. 이에 대해 드웩 교수는 "지능 지수 자체를 칭찬받은 아이는 다음에 도전하는 테스트가 자신의 지능을 확인받는 테스트가 되어야 하므로 틀릴 수도 있는 모험을 하려 하지 않는다."라고 설명한다.

그다음에는 아이들이 모두 풀기 어려운 중학교 수준의 문제를 냈다. 두 집단 모두 문제를 대부분 풀지 못했다. 그러나 노력을 칭찬받은 집단의 아이는 끝까지 열심히 풀었고, 적극적으로 문제 해결을 위해 노력했다. 나중에 아이들에게 다시 쉬운 문제를 풀게 했더니 노력을 칭찬받은 아이들은 30퍼센트 정도 성적이 향상되었고, 똑똑하다고 칭찬받은 아이들은 20퍼센트 정도 성적이 하락했다.

드웩 교수는 '성장형 마인드셋(growth mindset)'과 '고착형 마인드셋(fixed mindset)'이 있다고 말한다. 노력을 칭찬받은 아이는 자신의 능력을 성장시킬 수 있다고 믿는 '성장형 마인드셋'을 갖게 되어 시간이 걸리더라도 점차 여러 능력을 개발하며, 미래를 향해 성장하게 된다. 한편 똑똑하다는 칭찬을 받는 아이는 자신의 능력이 고정되어 있다고 보는 '고착형 마인드셋'을 갖게 되어 더 이상 노력을 하지 않고 그 자리에 머무르고 발전을 위한 노력을 포기한다.

비슷한 맥락에서 어떤 정신과 의사는 아이가 시험공부를 열심히 한 경우, 시험을 치른 날에 칭찬하지 말고, 시험 보기 전날에 칭찬을 하라고 조언하기도 한다. 결과가 아닌 노력하는 과정 자체에 주목하도록 하는 효과가 있기 때문이다. 이렇듯 '성장형 마인드셋'을 키우기 위해서는 결과보다 과정 자체를 중요시할 줄 알아야 한다. 노력하는 과정에 주목하고, 문제 해결을 위해 적극적으로 대처해 나가는 과정에 칭찬과 동기부여를 하는 것이 무엇보다 중요하다.

이때 칭찬과 긍정적 피드백을 외부로부터 받는 것도 중요하지만, 자신이 스스로 하는 것 또한 중요하다. 결과에 대해 일희일비하기보다 내가 이 일을 위해 얼마나 노력했고, 또 그 과정에서 무엇을 익혔는지 파악하고, 거기에 대해 개인적 평가를 해 보는 것이다. 이런 노력을 반복하면서 성장형 마인드셋을 내재화해 나갈 수 있다.

낯선 환경과 문제에 부딪혔을 때 좌절하지 말고 환경을 변화시키려고 노력하는 과정 자체에 방점을 두자. '성장형 마인드셋'을 바탕으로 자기가 할 수 있는 작은 일부터 시작하면 어렵더라도, 또 오래 걸리더라도 자신에게 맞게 상황을 장악해 나갈 수 있다. 당장 해결되지 않을지 모르지만, 결국은 해낼 수 있다는 미래 지향적 믿음이 필요하다. 세상에는 불가능한 일보다는, 어렵지만 오래 걸리는 일이 더 많다. 둘을 혼동하면 안 된다.

인생이라는 돌발 상황에 맞서라

「무한도전」의 김태호 PD는 한 인터뷰에서 이렇게 말했다.

저는 인생에서 가장 중요한 순간을 스스로 결정하는 것이 아니라 누군가의 제안에 끌려가는 느낌이 싫었어요. 남은 내 인생에서 '주권'을 빼앗기는 기분도 들었고요.

그의 이런 인생관이 「무한도전」이란 장수 예능 프로그램에도 녹아들어 있을 것이다. 환경이 안정적이고 예측 가능할 때에는, 상황에 잘 적응하고 제시된 규칙을 잘 지켜 나가며 그 안에서 경쟁하고, 좋은 성과를 얻기 위해 노력하는 것으로 충분할 수도 있다. 그러나 언제나 환경이 안정적이지만은 않다. 세상은 점점 그렇게 변하고 있다.

중세에는 대부분 주어진 대로, 예측 가능한 변수 아래 살아갔다. 태어난 신분에 따라 직업이나 할 일이 정해져 있었고, 당시 사회의 종교적 믿음에 따라 사회 규칙이 정해지고, 도덕적 판단이 이루어졌다. 복잡할 일이 없었다. 대략 어떻게 살다가 죽을지 누구나 예측 가능한 세상이었다. 이것이 200년 전까지 이어 온 인류의 삶이다. 그러나 현대는 어떤가? 10년은커녕 5년 후, 1년 후에 내 주변 환경이 어떻게 바뀔지 예측하기도 어렵다. 또 모든 판단은 개인 의지에 달려 있고, 결과의 책임도 오롯이 개인이 진다. 민주주의의 발전은 개인의 자유와 다양성의 증가를 선물했지만 그만큼 사회적 불안도 증가시켰다.

조지 버나드 쇼는 "이 세상에서 성공하는 사람들은 자리에서 일어나 자신이 원하는 환경을 찾는 사람들이다. 만일 그런 환경을 찾을 수 없다면 스스로 만들어 낸다."라고 했다. 주어진 환경에 억지로 나를 맞추고 끌려가는 순응적 태도가 아닌, 자기 주도적으로 결정해 나가고, 창의적으로 뭔가를 만들어 내고, 규칙을 찾아내고, 추론을 해내고, 가설을 세워 행동에 옮겨 보는 용기와 실행력이 필요하다. 200년 전에 비해 확실히 힘든 세상이 된 것은 분명하다. 결과보다는, 내가 결정해서 실행해 나가는 과정 자체를 즐기고 중요시해야 한다. 환경이 우리에게 우호적이지 않고 힘겨울 때일수록 이런 태도에 익숙한 사람이 생존할 가능성은 높아진다.

자신을 환경의 희생자로 여기고 운명을 원망하며 그 자리에 머물러 있기보다는, 무엇이든 그 자리에서 해낼 수 있는 것을 하며, 자기 자리를 확보하고 그 안에서 환경을 변화시켜 조금이라도 자신에게 유리한 방향으로 상황을 개선하려는 노력이 필요하다. 이런 노력이, 모든 것을 개인이 결정해야 하는 현대사회의 존재적 불안에서 우리를 조금이나마 자유롭게 하고, 우리 삶을 개척해 나갈 수 있는 문을 마련해 줄 것이다. 어느 정도 대본이 짜여져 있는 리얼 버라이어티쇼와 달리 우리 인생에는 돌발 상황만 있다. 주도적인 상황 장악력을 발휘해야 우리는 매 순간 위기에서 탈출할 수 있다.

타인과 조화를 이루는 힘

5 내 포지션을 정확히 알고 움직이라

포지션을 잘 잡아야 뜬다

처음부터 강호동이 '국민 MC'로, 유재석이 '유느님'으로 불린 것은 아니었다. 씨름 선수였던 강호동은 코미디 프로그램 「오늘은 좋은 날」의 '소나기'라는 코너에서 시골 아이 역할로 방송을 시작했고, 유재석은 방송 울렁증으로 고생하며 연예 프로그램 리포터 등을 하다가 서세원이 진행하는 토크쇼의 게스트로 겨우 자리를 잡아 나가던 올챙이 시절이 있었다.

그들도 처음부터 일인자는 아니었다. 각 출연자의 능력에 따라, 혹은 프로그램 출연자들 사이의 관계 분포도에 따라 각자의 포지션은 늘 변하기 때문이다. 공중파 프로그램에서는 보조 MC 역할을 하는 이가 케이블 프로그램에서는 어엿한 메인 MC가 되기도 한다.

프로그램에서 자기 포지션을 잘 잡지 못한 사람은 아무리 재치가 있어도 뭔가 어색하고 겉도는 인상을 받기 쉽다. 실제로 중도 하차를 하거나, 프로그램이 조기에 문을 닫는 경우도 많다. 반면 자기 포지션을 잘 잡은 사람은 프로그램에서 자리를 잘 잡아 대중의 인기를 얻고, 프로그램의 안정성과 완성도에 미묘하게 기여를 한다.

가령 「1박 2일」 1시즌에서 김C는 재미있는 캐릭터가 아니었다. 그는 웃기지 않는다. 아니, 애써 웃기려고 하지 않는다. 가끔 엉뚱한 소리를 하기는 하지만 폭소할 만큼 재미가 크게 터지지는 않는다. 그는 대놓고 "나는 여기 시청자의 한 사람으로 참여하는 마음으로 방송하러 와요."라고 한다. 그런데도 같이 출연하는 연기자와 PD는 김C가 없는 「1박 2일」을 상상할 수 없다고 했다. 그리고 그가 그만두고 음악에 전념하겠다고 하자, 그 누가 그만둘 때보다 서운해하고 한동안 힘들어했다. 김C의 자리를 대체할 사람이 없다고 입을 모았다.

왜 그랬을까. 빵빵 터뜨리는 재담이 있는 것도 아니고, 몸 개그를 잘하는 것도 아니고, 상황극을 잘하는 것도 아니며, 하물며 잘생긴 것도 아닌데. 시청자의 마음으로 출연한다던 그가 없어서는 안 되는 존재라니 이해하기 어렵다. 왜 김C가 「1박 2일」에서 소중한 존재가 되었던 걸까?

나는 프로그램에 그런 포지션이 필요했던 것이라 생각한다. 자칫 산만해지고 붕붕 뜨기 쉬운 그 프로그램의 균형을 김C가 적절히 잡아 준 것이다.

강호동의 「무릎팍도사」에서 올밴 우승민은 거의 말을 하지 않는다. 그런데도 그 자리를 없애지 않고 유지한다. 다른 프로그램에서는 수다스러운 유세윤도 이 프로그램에서는 조용하다. 프로그램에서 그들의 포지션은 딱 그만큼이고, 아주 가끔 개입하는 것으로 역할이 충분하기 때문이다. 그들까지 수다에 끼어들어 자기 분량을 잡으려고 하면 게스트에게 집중하기 어려워지고 전체 프로그램이 산만해질 것이다.

이렇듯 포지션을 잘 잡는 것은 중요한 일이다. 이는 우리 일상에서도 마찬가지다. 낄 때 끼고, 빠질 때 빠질 줄 아는 것, 그리고 자기 포지션이 지금 여기서는 어디인지 빨리 깨닫고 자리를 잡는 것은 어느 곳에서든 중요하다.

준비된 자에게만 찾아오는 일인자의 자리

예능의 일인자가 누구냐고 물으면 누구나 망설일 필요도 없이 강호동과 유재석이라고 대답할 것이다. 둘의 진행 스타일은 판이하지만 그 누구도 그들이 일인자라는 것을 부인하지 못한다. 이는 예능계에서의 그들의 위치를 말하기도 하지만, 집단 버라이어티 프로그램에서 수행하는 그들의 포지션을 의미하기도 한다.

그들은 프로그램 내에서 메인 MC로서 전체 흐름을 조율하고, 새로운 상황을 부여하고, 게스트에게서 최대한 웃음을 끌어내는 역할을 한다. 그리고 고정 출연자들이 자기 능력을 포지션에 맞게 발휘할 수 있도록 진행하며, 프로그램이 균형과 방향성을 잃지 않도록 주의를 기울인다.

일인자의 자리는 쉽지 않다. 그렇지만 누구나 일인자를 꿈꾼다. 나머지 자리는 다른 사람으로 대체할 수 있지만, 그 자리만은 그 집단의 정체성이고 핵심이며, 절대 대체 불가능한 자리이기 때문이다.

우리 인생에서도 그렇다. 많은 이들이 가능하면 일인자로 살아 보기를 꿈꾼다. 자리의 주역이 되고 싶다. 모든 사람이 내 결정대로 움직이기를 바란다. 하지만 그 자리를 위한 사람은 단 한 명뿐이다. 일인자를 바라는 것은 동물적 본능일지도 모르겠다. 늑대 무리에서 알파 늑대가 결정되어야만 싸움이 끝나듯이 일인자가 자리를 비울 때가 되면 모두가 다음 일인자가 되기 위해 혈전을 벌인다. 그래서 역사적으로 많은 비극이 발생해 왔을 것이다.

하지만 일인자가 자리를 비워 기회가 왔을 때 그 자리를 잡을 줄 아는 것도 능력이다. 2011년 강호동의 느닷없는 잠정 은퇴 후 이승기는 단독 MC로 「강심장」이란 거대한 집단 토크 버라이어티쇼를 이끌고 나가게 됐다. 아직 20대 중반이었던 이승기가 입담 센 출연자들을 잘 통제하며 이야기를 끌어갈지 모두들 의문을 가졌다. 그러나 그는 주변의 우려를 말끔히 씻어 내고 깔끔하게 잘 진행해 나가면서 도대체 못 하는 것이 없다는 질시를 받을 정도로 자신의 역할을 120퍼센트 해냈다. 후에 이승기는 처음에는 강호동 없이 혼자서 잘해 낼 수 있을지 두렵고, 불안했다고 고백했다. 그러나 그는 어떤 때에는 강호동의 과장스러운 진행이 없어서 도리어 나은 것 같다는 평을 들을 정도로 유려하게 진행을 해냈고, 프로그램의 정체성을 훼손시키지 않는 한편 자기 방식으로 프로그램을 이끌어 나갈 수 있었다.

토너먼트를 하듯 차근차근 올라가 일인자가 되는 경우도 있지만, 예측하지 못한 상황에서 기회가 주어지고, 그 주어진 기회를 잘 버텨 내어 일인자 자리를 얻기도 한다. 이승기는 이미 2인자로 자기 역할을 잘해 내고 있었고, 그렇기에 자리가 비었을 때 치고 올라가 새로 받은 포지션을 잘 수행해 낼 수 있었다.

자리가 사람을 만든다는 말이 있다. 한 번도 경험이 없고, 그 자리가 어울리지 않을 것 같은 사람이 높은 자리나 책임이 막중한 위치에 임명되었을 때 의외로 잘해 낼 뿐 아니라, 시간이 지나면서 그 자리에 어울리는 의젓함과 리더십을 자연스럽게 보일 때가 있다. 그러나 준비가 되어 있지 못한 사람은 아무리 좋은 자리가 생겨도 그 자리에 걸맞은 사람이 되지 못하는 것도 사실이다. 결국 기회가 누구에게 언제 올지 아무도 모르니 일인자를 꿈꾼다면 늘상 준비할 수밖에 없다.

2인자에게도 언젠가 영광의 순간이 온다

만일 일인자의 자리가 부담스럽거나 자신이 없을 때에는, 아니면 판이 너무 커서 내가 일인자가 될 상황이 아닐 때에는 2인자로 지내는 것도 나쁘지 않다. 일인자를 지향하면 하늘에 태양은 두 개일 수 없기 때문에 심한 견제의 대상이 되지만 처음부터 2인자를 지향하고, 2인자로서 역할을 해내면 조직에서 안전하게 자리를 확보하면서도 취할 것은 충분히 취할 수 있다.

너무 목표가 작아 보이는가. 하지만 언제 일인자의 자리를 거머쥘 기회가 올지는 아무도 모르는 일이다. 기회는 준비된 사람에게 찾아온다. 일단은 2인자를 지향하면서 이 포지션에서 주어진 역할을 해내는 것도 충분히 가치 있는 일이다. 사실 일인자를 제외하면 많은 이들이 2인자 자리를 호시탐탐 노리며 2인자를 부러워한다.

예능계에서 2인자의 전형은 박명수다. 자칭 2인자로, 때로는 본인을 '쩜오(1.5인자)'라고 하기도 한다. 박명수는 혼자 프로그램을 할 때보다 유재석 옆에 있을 때 대중과 제작진이 원하는 역할을 120퍼센트 해낸다. 「해피투게더」와 「무한도전」에서 유재석의 옆자리에 있을 때 그의 존재감은 가장 빛난다. 이런 모습을 보면 모두가 일인자가 되어야만 성공의 정점에 있다고 할 필요가 없다는 생각도 든다. 일인자였던 적은 없지만 그는 2012년에 결국 연예대상 수상자가 되었다. 이경규, 유재석, 강호동, 신동엽 같은 전형적 일인자들만 받는 대상을 박명수가 받은 것이다. 중요한 것은 일인자가 되려고 애쓰고 무리하는 것이 아니라 지금 내게 주어진 포지션을 잘해 내는 것이라는 걸 박명수의 예를 통해 배울 수 있다. 충분히 자기 역할을 잘해 내면 2인자에게도도 언젠가 영광의 순간이 온다.

만화가 허영만은 현재 누구도 부정할 수 없는 한국 만화의 일인자다. 그런 그가 1980년대를 회고하면서 한 말이 있다. "저는 늘 2인자였습니다." 그는 1970년대에는 『독고탁』의 이상무, 1980년대에는 『공포의 외인구단』의 이현세에 밀려 언제나 2인자였다. 그래서 많이 힘들고 괴로웠다고 한다. 열등감도 많이 느꼈다. 오랜 번민 끝에 겨우 인기에 연연하지 않고 '그저 가야할 길을 걸을 뿐'이라고 마음을 추스를 수 있었다. 그는 말한다. 자기가 1등을 끌어내린 것이 아니라, 그들이 이런저런 이유로 떨어져 나가게 되자 자기 길을 묵묵히 가고 있던 자신이 그 자리에 서게 되었다는 것이다. 질투나 시기심에 그들을 경쟁 상대로 여기고 그림을 그렸다면 그렇게 오래 인기를 얻기 어려웠을지 모른다.

배트맨과 로빈을 보면, 오토바이를 타고 갈 때 로빈이 직접 운전을 할 때는 없다. 언제나 배트맨이 오토바이를 몰고, 로빈은 그 옆에 달린 작은 차를 타고 출동을 한다. 이 작은 차를 사이드킥이라고 부르는데, 그래서 미국 만화를 좋아하는 사람들은 2인자를 지칭할 때 "저 사람이 사이드킥이야."라고 말하고는 한다. 배트맨에게 로빈이, 셜록 홈스에게 왓슨 박사가 있듯, 오토바이 사이드킥에 타서 전체 이야기를 풍성하게 해 줄 사람이 우리에게는 꼭 필요하다.

병풍이 되는 것을 노여워하거나 슬퍼 말라

'병풍'이란 집단 버라이어티쇼에서 일인자를 비롯해 다른 고정 패널들이 활약할 때 마치 방 뒤편으로 쳐 놓은 병풍같이 그냥 멀뚱 서서 웃기만 하는 출연자들을 냉소적으로 지칭하는 말이다. 웃기려고 하지만 타이밍을 잡기 어렵고, 어렵사리 기회가 와서 한마디 해도 바로 일인자에 의해 잘리거나, 2인자가 발언권을 채 가서 기회를 잃기 일쑤다. 어쩌다 한 번 과감하게 나서 보지만, 교체 출장 위주로 뛰던 선수가 자기 실력을 제대로 발휘하기 어렵듯이 프로그램 전체 분위기에 맞지 않는 무리수를 던지고 '통편집'의 대상이 되고는 한다.

시청자들은 때로 그들에게 왜 나오느냐는 야유를 보내기도 하지만, 그럼에도 병풍은 필요하다. 프로그램 내에서 이들의 쓰임새가 어찌 될지, 가능성이 언제 폭발할지 알 수 없기 때문이다. 다양한 색깔을 통해 균형을 이룬다는 면에서 그들도 중요하다.

조직에서는 늘 한 사람의 독주보다는 전체의 조화가 중요하다. 겉으로 드러나는 스트라이커가 있다면 후방에서 묵묵히 수비를 하면서 공 배급을 맡는 수비수도 필요하다. 감독은 든든한 수비수를 더 목말라한다. 그래서 대중들은 강호동과 이승기에게 열광하지만 제작진은 김C나 정형돈의 존재를 소중히 여기며 그들이 매회 빵빵 터뜨리지 않더라도 함께했던 것이라고 생각한다. 센터만 다섯 명인 농구 팀은 경기를 할 수 없다. 모두 자기가 맡은 역할이 있고 집단 버라이어티쇼에서는 더욱더 그런 조화와 균형이 중요하다.

우리도 조직에서 병풍 역할을 해야 할 때가 있다. 가령 가고 싶지 않은 중요한 회식 자리가 그렇다. 바쁘다고 안 갈 수가 없다. 빠짐없이 가서 모두를 소환한 그분이 자리를 뜰 때까지 자리를 지켜야만 한다. 그 자리에 멀뚱 앉아 있는 나의 모습은 버라이어티쇼의 병풍이 따로 없다. 집으로 돌아오는 길에 이런 걸 왜 하나 싶어 짜증이 날 때도 많다. 그런데 한편으로 이것도 사회생활의 일부가 아닌가. 개인적으로는 의미 없는 일일 수 있지만, 조직의 이벤트에서 나도 역시 자리를 채워 내 역할을 했고 오늘의 일을 한 것이다.

병풍 역할을 하는 것을 부끄러워하거나 슬퍼하거나, 여기에 화를 낼 필요가 없다. 어제의 일인자가 오늘은 병풍이 될 수 있고, 상황과 장소에 따라 우리 포지션은 달라진다. 예를 들어 회사에서는 일인자인 회장님도 전경련 모임에 가면 병풍으로 서 있을지 모르는 일 아닌가.

나는 관계의 커다란 네트워크 안에 있다. 그리고 내가 속한 관계망은 종류가 아주 다양하다. 어떤 네트워크에서는 허브 역할을 하기도 하고, 다른 곳에서는 중개자이거나 주변부일 수 있다. 나를 중심으로 보면 내가 세상의 중심이어야 한다. 하지만 그것은 천동설을 믿던 중세 시대의 삶과 같다. 지구가 온 우주의 중심이라고 믿는 것과 같은 것이다. 실제로 지구는 태양계에서 세 번째 행성이고 은하계의 변방에 있는 정말 작은 별 하나다. 그렇지만 그걸 인정한다고 해서 지구의 가치가 떨어지는 건 아니다. 달과의 관계를 보면 지구가 중심축이지 않은가. 우리의 포지션은 언제나 상대적으로 이해해야 한다.

포지션은 언제나 변한다

다니던 회사를 옮기거나, 새로운 사람들과 모임을 만들면 고민이 될 때가 있다. 내가 이 모임에서 어떤 포지션을 잡아야 하는지 말이다. 내게 익숙한 포지션이 있다고 해도 그것은 지금까지 내가 있던 곳에서 익숙한 역할일 뿐이기에 영원히 쭉 그 자리를 지킬 수는 없다. 내 포지션은 속한 조직에 따라, 상황에 따라 끝없이 변화한다. 집에서는 막내지만 동문회에서는 만형일 수 있고, 동호회에서는 꼼꼼한 총무, 회사에서는 야유회 사회를 도맡아 보는 재간꾼일 수 있다. 내가 속한 곳에서 나의 포지션을 찾는 것, 그리고 다양한 포지션을 실험해 보는 것은 중요한 일이다.

집단 버라이어티쇼를 보면서 누가 어떻게 변해 나가는지, 그 사람의 포지션이 어떻게 달라지는지 한 번 유심히 보다 보면, 세상살이를 하면서 계속 바뀌는 우리 포지션에 대한 삶의 지혜를 얻을 수도 있다.

그들의 행보를 보면서 내가 속한 조직에서 나는 어떤 포지션을 취하고 있는지 잠깐 생각해 보자. 그리고 그 자리에 만족하는지, 만족하지 못한다면 어떤 포지션이 좋을지도 머릿속으로 그려 보자.

일인자가 되기를 원한다면 일인자 역할을 해낼 자신이 있고 준비가 되어 있는지, 2인자가 되려면 필요한 덕목이 무엇인지, 그리고 누구와 경쟁을 해야 하는지 구체적인 그림을 그려 보는 것이다.

지금 내가 출연하기 시작한 프로그램은 10회도 지나지 않았다. 이 프로그램이 인기가 있다면 몇 년은 지속될 것이다. 그 과정에서 포지션은 충분히 바뀔 수 있다. 「1박 2일」 1시즌에서 '국민 기사'로 운전만 하던 이수근이 강호동이 빠진 후 일인자의 포지션을 충분히 해낸 것이나, 「무한도전」에서 몇 년 동안 웃기지 못했던, 어색하고 재미없는 캐릭터였던 정형돈이 은근히 재미있고 중독성 있는 캐릭터가 되면서 중요한 포지션을 차지하게 되었듯이 말이다. 내 위치가 어디쯤인지 알고, 어떻게 평가받는지 정확히 파악하고, 앞으로 나아갈 방향을 바라볼 수 있는 능력이 중요하다.

포지션이란 영원히 고정되는 것이 아니다. 살아 있는 생명체와 같고 네트워크 안에서 끊임없이 변화한다. 다양한 포지션을 경험하면서 우리는 성장하고 발전해 나간다. 상황이 변했는데도 과거의 포지션만 고집하는 사람은 도태되기 쉽다. 관계의 관점에서 포지션을 이해하고 유연하게 대처할 수 있는 태도가 필요하다.

타인을 잘 받쳐 주면
나도 빛난다

모든 예능에는 주인공을 받쳐 주는 존재가 있다

「개그콘서트」의 '달인' 코너는 언제나 이렇게 시작한다. 사회자 역할을 맡은 풍채 좋은 류담이 나와서 "16년 동안 ○○○만 해 온 ○○ 김병만 선생"이라고 달인을 소개한다. 달인에게 여러 가지 묘기를 주문하고, 어떨 때에는 묘기 상대가 되어 주고 뚱뚱하다고 놀림감이 되기도 한다. 한편 달인의 조수 노우진은 달인 김병만을 따라 하지만 제대로 하는 것이 없어서 달인이 얼마나 훌륭한지 부각시켜 주는 역할만 할 뿐 절대 주연으로 나서지 않는다. 그런데도 달인 코너에서 류담과 노우진 두 사람은 빠지지 않고 등장한다. 그들 없이 김병만 혼자 나와서 달인 코너를 했어도 그렇게 오랫동안 인기를 끌었을까?

예능에서는 류담과 노우진 같은 이들을 가리키는 말이 따로 있다. 일본어에서 유래된, 일종의 방송계 은어로 소위 '니주'라고 한다. 원래는 세트를 설치하고 무대장치를 만들 때 바닥의 받침대로 사용하는 넓적한 나무 단을 말하지만, 방송 예능계에서는 주인공이 강력한 웃음을 터뜨릴 수 있도록 미리 설정과 바탕을 깔아 주는 사람이나 장치를 지칭하는 용어로 흔히 사용된다.

역시 일본어에서 나온 은어로, 코미디에서 니주를 깐 이후 웃음이 빵빵 터지는 부분이나 그런 역할을 하는 사람을 '오도시'라고 한다. 예를 들어, 달인 김병만, 옹달샘의 유세윤과 장동민, 김꽃두레를 연기했던 안영미가 주로 오도시를 터뜨리는 역할을 한다. 오도시는 빛난다. 그리고 인기를 얻는다. 그러니 누군들 오도시가 되어 스포트라이트를 받고 싶지 않겠는가.

류담도 대학 개그 동아리 시절에는 오도시였다고 한다. 그가 한 인터뷰에서 이렇게 말했다. "학교 다닐 때 개그 클럽 멤버였어요. 한 번도 누굴 깔아 준 적 없었어요. 정말 웃기는 배우였죠. 한 번 두 번 깔아 주다 보니 이제는 웃기는 방법을 잊어버린 것 같아요." 그는 괴로웠다. 그가 참여한 코너 '불청객', '고음불가', '달인' 등은 모두 성공했지만 관객들은 그가 누구인지 기억하지 못하기 때문이다.

하지만 류담은 생각의 전환을 하게 되었다. "김대희 선배가 현직 개그맨들 중에는 받쳐 주는 것 9단이라고 할 수 있어요. 그런데 어느 날 저에게 '너 진짜 잘한다.'라고 칭찬해 주시더라고요. 강호동 선배도 이수근 형한테 그랬대요. '개 연기 좀 하지.' 그런 얘기 들을 때 정말 뿌듯했어요." 코너는 함께하는 것이고, 세칭 '선수'인 개그맨들끼리는 그를 알아본 것이다.

자기가 하는 역할이 충분히 의미가 있다는 것을 깨닫고 류담은 니주 역할을 더욱 충실하게 하였고, 어느새 경지에 이르게 되었다고 한다. 그냥 서서 대본대로만 하는 게 아니라, 좀 더 섬세하게 주인공을 받쳐 주고, 약간 바보스럽게 상황을 만들어 내기도 하고, 호기심을 보여 주면서 관객의 생각을 전해 주기도 한다. 니주 나름의 전문성을 이해한 것이다.

니주는 그늘에 선 자리가 아니다. 그보다는 스트라이커 옆에서 적재적소에 패스를 넘겨 어시스트를 하는 축구 선수와 같다. 관중들은 골을 넣은 선수에게 열광하지만, 정작 골을 넣은 선수가 제일 먼저 달려가는 곳은 어시스트를 해 준 동료다. 영웅이 되겠다고 혼자 무리해서 골을 넣기보다는 우리 모두의 확실한 골을 위해 보조 역할을 해 준 동료가 누구보다 고맙기 때문이다.

어디에서든 니주는 반드시 필요하다

니주는 마치 비타민과 같다. 비타민이 결핍되면 각기병이나 베르니케 코르사코프 병과 같은 치명적인 병에 걸리기 때문에 아주 적은 양이라도 언제나 우리 몸에 존재해야 한다. 니주도 마찬가지다. 그런 역할을 하는 사람이 우리 사회와 관계망 안에 반드시 필요하다.

나도 때로 니주가 된다. 처음에 나는 상담 시간이 끝날 때쯤 꼭 뭔가 멋진 말을 하거나, 그 시간을 정리해 줘야 할 것 같은 강박 관념이 있었다. 그래야 피상담자가 만족할 것이라 믿었다. 그런데 시간이 흐르고 보니 좋은 얘기를 해 주는 것보다는 그가 얘기를 잘해 나가도록 유도하는 것이 더 중요하고, 그것만으로도 충분할 수 있다는 것을 깨달았다. 피상담자가 오도시 역할을 할 수 있도록 상담자는 좋은 니주 역할을 할 필요가 있는 것이다. 실력 있는 정신과 의사는 말을 잘하는 사람이 아니라 잘 들어 주는 사람이다. 상담을 하러 온 사람이 자기도 생각하지 못했던 감정과 기억을 되살려 문제의 본질을 이해할 수 있도록 그를 받쳐 주고 돕는 것이 정신과 의사의 더 중요한 역할이기 때문이다.

우리 주변을 둘러보면 이런 역할을 잘해 주는 친구들이 있다. 친구들 무리에서 특별히 눈에 띄거나 인기가 많지는 않지만, 어려운 일이 있을 때 조용히 친구들을 챙기고, 친구들 이야기를 잘 들어 주며, 고민 상담을 도맡아 해 주는 사람들 말이다. 이런 사람들은 지금 당장 반짝거리는 존재감을 드러내지 않아도 우리에게 반드시 필요한 소중한 존재로서 오랫동안 우리 관계 안에 남는다. 관계망 안에서 니주 역할을 하는 이들이다.

조직에서도 마찬가지다. 가령 회의 시간에 모두가 자기 할 말만 한다면 정신이 없을 것이다. 결정적 한 방을 던지지는 않아도 이야기의 소재를 던지고, 흐름을 잡아 주고, 회의가 잘 진행되도록 하면서 멋진 아이디어가 보였을 때 놓치지 않고 잡아내 그 아이디어를 발전시키는 역할을 누군가 해야 한다. 물론 이런 역할을 하는 사람은 눈에 띄는 아이디어를 낸 사람만큼 빛나지는 않는다. 하지만 그 역할을 해 주는 사람이 없다면 회의는 목소리 큰 사람들만 자기주장을 펼치다가 대충 정리되거나 합의된 것 하나 없이 머리에 피곤만 남긴 채 끝이 나기 쉽다. 보이지 않는 사회자 역할을 하는 니주가 조직에도 반드시 필요한 것이다.

　「개그콘서트」의 '봉숭아 학당'에서 선생님 역할을 하던 이수근, 「1박 2일」 초창기에 운전기사 역할이 자기가 하는 전부라고 자조하던 이수근이 없었다면 '봉숭아 학당'과 「1박 2일」은 어떻게 됐을까. 왕비호가 독설을 퍼붓고, 강호동이 오버를 하는 것이 부담스럽고 정신없지 않았을까. 이수근도 자기를 드러내고, 멋진 유행어를 만들어 퍼뜨리고 싶지 않았을 리 없다. 그렇지만 프로그램 전체를 위해 다른 출연자들이 마음껏 재량을 뽐낼 수 있게 바탕을 깔아 주며 일종의 희생을 한 것이다. 그것이 충분히 의미 있는 역할이라는 것을 알기에 시청자의 야유를 들으면서도 묵묵히 자기 역할을 해 온 것이다.

　니주란 중요한 역할이고, 세상에는 니주가 반드시 필요하다. 화려하게 드러나지 않는다 해도 그 누구 하나 소중하지 않은 존재는 없다. 모두가 자기가 맡은 역할이 있고 맡은 일을 하는 것이다. 그랬을 때 모두가 빛난다.

내향적인 사람들의 조용한 활약

만일 당신이 그동안 자신이 속한 그룹이나 조직 안에서 별로 존재감이 없다고 여겼다면, 그리고 말재주가 없어서 사람들 사이에서 두각을 나타내지 못한다고 생각한다면 발상의 전환을 해 보자. 튀지는 않지만 꼭 필요한 존재인 받침대가 되어 조직 안에서 의미 있는 존재가 되어 보는 것이다. 화려하지는 않아도 아무도 무시할 수 없는 묵직한 존재감이 생기지 않을까. 오도시는 니주 없이 존재할 수 없다. 결국 사람들은 니주 역할을 하는 이를 언제나 필요로 하게 되어 있다.

사실 일상생활에서 니주는 외향적인 사람보다 내향적인 사람들에게 더 어울리고 그들이 더 잘해 낼 수 있다. 평소 내성적이라 회의 시간에 잘 끼어들지도 못하고, 누가 말을 시킬까 봐 무서워서 수첩에 눈을 맞춘 채 시간을 보내 온 사람이라면 이런 역할로 자기 존재를 키워 보는 것을 생각해 볼 만하다.

내향적인 사람이 생각을 하고 나서 말을 하는 반면 외향적인 사람은 생각을 하기 위해서 말을 한다. 혼자 있을 때보다 다른 사람들과 어울릴 때 활기가 있고 사회활동에서 쉽게 지치지 않는다. 생각과 계획에 초점을 맞추기보다 사람과 사건과 같은 외부 일들에 초점을 맞춘다. 내성적인 사람들은 그게 참 어렵다. 그래서 사회생활을 하면서 그들을 따라 가려고 자기계발서도 사 보고, 화술 관련 서적도 읽고 학원을 다니기도 한다. 그렇지만 타고난 기질이 그렇지 못하다 보니 사람을 만나는 것도 힘들고, 외향적인 사람들의 성공 방정식대로 해 나가는 것이 원래 외향적인 사람들보다 배는 힘들고 쉽게 지친다. 그러다 보면 경쟁에서 뒤쳐지는 것 같고, 열등감을 가지게 되기 쉽다.

하지만 내향적인 사람은 특히 소통에서 장점을 보인다. 잘 듣고, 참을성이 많고, 일대일 대화에 능하다. 외향적인 사람이라면 입이 심심해서 견디지 못할 상황에서도 잘 참는다. 반면 외향적인 사람들은 쉽게 대화에 참여하고 낯선 사람과도 잘 어울리지만 횡설수설한다고 여겨질 정도로 말이 많다. 꼼꼼한 마무리에 약하고, 주변 자극에 쉽게 동요해서 한 가지 일에 꾸준히 집중하기 어렵고, 하지 않아도 될 말을 쉽게 해 버려 스스로 난처해질 때가 있다는 단점이 있다. 그래서 외향적인 사람에게 정리가 필요할 때 내향적인 사람이 옆에서 잘 마무리를 해 준다면 그들은 같이 빛날 수 있다. 음양의 조화와 같다. 니주와 오도시의 관계가 아마 그렇지 않을까 한다.

내향적인 사람들은 외향적인 사람들만큼 존재감을 드러낼 수 없다고 열등감을 느끼거나 주눅 들 필요가 없다. 자신의 장점을 드러낼 수 있는 역할을 해 보인다면 화려하지는 않지만 존재감이 분명해지고 누구나 느끼기에 '꼭 필요한 사람'이 될 수 있다.

바닥이 튼튼해야 집도 튼튼하다

우리는 건물을 보면 겉으로 드러난 빛나고 멋진 부분, 다른 건물과 구별되는 외관만 보게 된다. 신영복 선생도 예외는 아니었다고 한다. 신영복 선생이 오랜 감옥 생활을 하던 때 목공을 배우는데 나이 많은 목수가 그에게 집짓기를 설명했다. 그 목수는 건축이나 설계를 제대로 배운 적 없는 사람이었다. 꼬챙이로 집을 그리는데 우리가 보통 집을 그리는 순서와 반대였다고 한다. 주춧돌을 그리고, 기둥, 도리, 들보, 서까래를 그리고 지붕을 제일 나중에 그렸다. 그런데 생각해 보니, 실제 집짓는 순서대로 그린 것이었다.

우리는 집을 그릴 때 외관만 생각한다. 창문을 어떻게 그릴까 고민한다. 굴뚝을 그리고 피어오르는 연기를 그리고, 정원과 울타리를 그린다. 하지만 진짜 집을 지어 본 사람은 그 목수처럼 주춧돌부터 그리고, 지붕을 제일 나중에 그린다. 무엇이 가장 먼저이고, 어디서부터 시작해야 하는지 알기 때문이다. 비록 주춧돌과 들보는 지어진 집 외관에서는 보이지 않지만 말이다. 바닥부터 튼튼하지 않으면 사상누각(沙上樓閣)과 같은 일이 벌어진다. 비록 집이 지어지고 나면 보이지 않는 부분이지만 바닥 공사를 튼튼히 하지 않으면 외관을 아무리 멋지게 짓더라도 그 건물은 곧 무너지고 말 것이다.

신라의 과거 영화를 상징하는 황룡사 9층탑의 몸통은 사라져 버렸지만 그 자리에 주춧돌은 남아 있다. 생명력의 관점에서 본다면, 화려한 주인공인 오도시보다, 황룡사의 주춧돌이 그러한 것처럼 니주 역할이 훨씬 오래 가는 선택이기도 하다. 예능 프로그램을 보면, 한순간 뜬 인물들은 시류에 따라 크게 인기를 얻고 또 쉽게 인기를 잃는다. 오도시 역할은 인기에 의해 좌지우지되고, 소위 '거품'이 빠지면 더 이상 오도시 역할을 못 할 수도 있다. 하지만 니주 역할을 하는 이들은 어디선가 꼭 필요하기에 꾸준히 살아남는다.

맨체스터 유나이티드에는 루니와 긱스가 있다. 그러나 박지성도 있었다. 골을 많이 넣지는 못하지만 활발하게 미드필드에서 뛰면서 경기가 원활히 진행되도록 쉬지 않고 움직여 '산소 탱크'라 불리며 제 몫을 했다. 그래서 몇 년 동안 팀의 중진으로 뛸 수 있었다. 사실 그도 팀에서는 니주 역할을 한 것이 아니었을까.

니주는 빛나지 않지만 바닥을 지탱하며 수많은 건축물을 든든히 올려 주는 주춧돌 역할을 한다. 주춧돌이 하나 빠지면 건물은 휘청거린다. 니주는 자신의 역할에 자신감과 성취감을 가질 만하다. 결국 타인을 잘 받쳐 주면 나 자신도 빛나는 법이다.

7 세상에 리액션 없이
돋보이는 이는 없다

리액션이 살렸다

몇 년 동안 두문불출하던 최양락이 2009년에 이봉원과 함께 강호동이 진행하는 토크쇼 「야심만만」에 게스트로 출연했다. 그는 과거 인기 있던 시절의 이야기를 담담하게 했다. 당시 그는 자기가 하는 말이 재미있는지 알 수 없었고, 몇 년 만에 바뀐 방송 환경에서 몇 시간 동안 녹화를 하다 보니 어느 부분이 재미있고, 어디에서 힘을 줘야 할지 몰라 난감했다고 한다. 그러다 별 기대 없이 목욕탕에서 때를 밀다가 젖꼭지가 떨어질 뻔한 얘기를 했는데 빵 터져 버렸다. 그리고 자연 다큐 「동물의 왕국」에서 동물들이 관계를 가질 때에만 시청률이 오르더라고 그 특유의 익살스러운 말투로 말하자 반응이 확 왔다.

사실 그것은 녹화 현장에서의 반응이기 때문에 실제 시청자에게서 어떻게 반응이 올지 그는 그 자리에서 감을 잡을 수 없었다. 그런데 그날 그를 응원하기 위해 함께 출연한 후배 이경실과 조혜련이 그의 말 한마디, 한마디에 몸을 아끼지 않고 바닥을 데굴데굴 굴렀고, 당시 고정 출연자였던 MC몽은 웃다가 지쳐서 결국 바닥에 드러눕는 일이 벌어졌다. 원래 잘 웃어 주는 게 그들의 역할이기는 했지만 실제로도 너무 재미있었던 것이다. 그러자 강호동이 대본에도 없는 말을 했다고 한다. "여러분, 최양락 씨가 돌아왔습니다." 실제 방송분에서는 PD가 자막으로 이렇게 추임새를 넣었다. "황제의 귀환".

이후 최양락에게 출연을 요청하는 프로그램들이 홍수를 이뤘고, 그는 단번에 방송 현장에 복귀할 수 있었다. 그는 "나 혼자 해 낸 것이 아니라 방송 안팎의 리액션 덕분"이라고 겸손하게 자평했다. 특히 예능 버라이어티쇼가 낯설어서 어떻게 해야 할지 모르던 그를 위해 몸을 사리지 않고 리액션을 해 준 조혜련과 이경실에게 감사의 마음을 돌렸다. 누구보다 오래 방송을 해 왔고, 개그맨들이 인정하는 개그맨을 웃기는 사람으로 알려진 그였지만 "내가 정말 재미난 얘기를 했기 때문에"라고 하기보다 내가 한 이야기에 좋은 리액션을 해 준 사람들이 있었기에 빛날 수 있었다고 고백했다.

최양락은 리액션의 가치를 잘 알았던 것이다. 그는 방송이 무엇인지, 더 나아가 소통이 무엇인지 아는 사람이다.

리액션이 없으면 소통도 없다

예능 프로그램에서 출연자가 한 말이나 행동에 대해 반응을 보여 주는 것을 리액션이라고 한다. 어떤 방송인은 "예능은 리액션이 전부"라는 극단적 표현을 하기도 한다. 리액션은 액션에 대한 반응이다. 말, 행동, 표정 등으로 출연자의 액션에 대해 적절한 반응을 보여야 프로그램 전체가 살아나고, 방송 분량도 확보할 수 있다.

예능에 익숙하지 않은 출연자는 처음 나와서 자기가 할 말만 하고 나머지 시간은 멍 때리고 있을 때가 있다. 하지만 예능에 익숙한 출연자는 자기 차례가 아니어도 다른 출연자의 말에 관심을 기울이고 작게 고개를 끄덕여 주다가 조금만 재미있는 말이 나오면 '방송용 리액션'을 적극적으로 보여 준다. 박장대소를 하고, 배를 잡고 웃고, 온 얼굴이 구겨질 정도로 웃어 댄다. 일상에서라면 과장되게 느껴질 만큼 열렬히 반응을 한다. 리액션의 달인이 아닐 수 없다. 하지만 그런 리액션 덕분에 분위기가 살아나고, 재미있는 이야기가 몇 배는 더 재미있게 느껴지는 것은 분명하다.

내가 「아침마당」에 출연했을 때다. '명사 특강'이라는 코너로 생방송 80분을 혼자서 강연해야 했다. 시청률이 높은 프로그램인 데다 생방송이라 실수를 해도 다시 할 수 있는 상황이 아니었다. 입이 바짝 탔다. 다행히 머리가 하얗게 돼 버리지는 않았다. 5분쯤 지나면서 마음이 놓이기 시작했다. 진행자인 이금희 씨가 차분하게 이끌어 주고 긍정적으로 고개를 끄덕여 준 덕도 있었지만 무엇보다 방청객 반응이 대단했기 때문이다.

내가 그 정도로 말을 잘 풀어냈다는 자랑이 아니다. 20여 명의 아주머니들로 구성된 방청객들은 일종의 프로 방청객이었다. 리더의 지시에 따라 적극적이고 긍정적으로 출연자의 한마디 한마디에 열렬한 리액션을 보여 줬다. 회사원이나 공무원 대상으로 강의를 할 때에는 별 반응이 없던 평범한 내용에도 빵 터지는 기적이 벌어졌다. 카메라 앞에서 긴장해 있던 나는 어느새 전문 강사처럼 신이 나서 강연을 하고 있었다. 방송이 끝난 후 고마움을 표시하고 싶었던 사람은 피디도, 작가도, 진행자도 아니고, 열렬히 웃어 주고 박수를 쳐 주고 고개를 끄덕여 준 방청객들이었다. 말이란 혼자 하는 것이 아니라는 것을 다시 한 번 느끼게 해 준 일이었다.

적절한 리액션은 방송에서뿐 아니라 일상에서도 역시 필요하다. "지난 주말에 안면도 갔다 왔어."라고 내가 이야기를 꺼냈는데, 사람들이 "아, 그래? 재미있었겠네." 정도의 반응도 보여 주지 않고 그냥 다른 이야기로 넘어간다면 어떨까. 아마 사람들이 나를 미워하거나 관심이 없다고 생각하고, 더 나아가 나는 피해 의식에 사로잡힐 수도 있다. 하지만 만일 누군가가 "와 부럽다, 부러워. 누구랑 갔어? 애인이랑?"이라고 바로 강하게 리액션을 해 주면 모임의 관심은 내게 쏠릴 것이고, 나는 자연스레 하려던 이야기를 이어 갈 수 있다.

심리학자 마타라조는 45분씩 면접을 하는 경찰관 채용 시험 현장에서 스무 명의 지원자를 대상으로 다음 실험을 하였다. 면접관이 처음 15분간은 일반적인 방식으로 반응을 했고, 다음 15분간은 계속 고개를 끄덕이며 이야기를 들었고, 마지막 15분간은 한 번도 고개를 끄덕이지 않았다. 이후 지원자의 발언 시간을 체크해 보니 스무 명 중 열일곱 명이 고개를 끄덕이는 15분간 발언 시간이 길어진 것을 발견했다. 내용과 상관없이 그저 고개를 끄덕여 주는 것만으로도 대화의 자발성과 면접에 대한 만족도가 올라갔던 것이다.

이것이 리액션의 힘이다. 내가 아무리 재미있는 경험을 하였고 사람들에게 얘기하고 싶다 해도 리액션을 적절히 해 주면서 받아 주는 사람이 없으면 아무 소용이 없다. 더 이상 대화가 불가능하기 때문이다. 소통이란 혼자서 할 수 없다. '일고수이명창'이란 말도 있지 않은가. 그런 면에서 리액션은 관계의 시작으로 볼 수 있다.

모든 관계는 리액션에서 시작된다

아이가 엄마와 애착을 형성하는 것도 엄마의 리액션 덕분이다. 아이는 눈을 둘 곳을 모르다가 엄마가 뚫어져라 눈을 맞춰 주면 거기에 맞추기 시작한다. 아이가 기분이 좋아서 자기도 모르게 얼굴을 묘하게 일그러트리면 엄마는 너무 좋아서 "아이가 웃었어!"라고 소리치며 기쁜 표정을 지으면서 따라 한다. 아이는 자연스럽게 엄마의 리액션에 동조해서 '웃는 것'이 무엇인지 차차 배워 나가고 익혀 나간다.

웃는 것은 어떤 인간이건 하는 기본 얼굴 표정이지만, 이를 익혀 나가는 과정은 부모의 리액션에 달렸다. 그러면서 세상과 내가 연결되어 있다는 것을 익히고 세상과 나에 대한 신뢰를 형성한다. 이를 '정서적 튜닝(emotional atunement)'이라 하며 애착 형성의 기본 과정으로 본다. 아직 말도 하지 못하는 아이는 여러 가지 상황에 울거나 찡그리고, 가끔 웃을 뿐이다. 그러나 세심한 엄마는 아이의 각각 다른 표현이 배가 고픈 것인지, 기저귀가 젖은 것인지, 졸린 것인지 알아내고 적절히 반응해 준다. 그리고 먼저 "우리 아기 배가 고팠구나."라고 눈을 보며 표정으로 먼저 안심을 시킨다.

배가 고픈데 무심히 기저귀를 갈아 주는 엄마보다 적절히 반응하고 대응해 주는 엄마가 정서적 튜닝과 애착 형성에 훨씬 도움이 될 것은 분명하다. 특히 엄마가 우울증이 있거나 삶에 지쳐 있어서 아이가 울건 웃건 상관없이 리액션을 보여 주지 않는다면, 아이는 상호작용을 통해 배울 기회를 놓친다. 그리고 아이는 표정 없는 아이로 자라나서, 감정을 읽거나 표현하는 능력을 제대로 갖추지 못할 가능성이 있다. 부모의 적극적인 리액션을 받은 아이가 말도 빨리 배우고, 감정을 읽고 표현하는 능력도 자연스럽게 익혀 나갈 수 있다.

인간은 모두 이런 기본 훈련이 되어 있지만 타인과의 관계에서 리액션을 능숙하게 하는 것은 쉬운 일이 아니다. 내가 하고 싶은 표현을 제대로 하는 것만도 충분히 힘들고 애써야 하는 일이니 다른 사람까지 신경 쓸 겨를이 없는 경우가 많기 때문이다. 리액션은 하루이틀 사이에 갖춰질 기술이 아니다. 잘 받아 주고 반응을 해 주는 것은 말을 하는 것 이상으로 어려운 일인지 모른다. 하지만 리액션을 잘하는 사람은 말을 청산유수로 잘하는 사람보다 상대의 호감을 얻기 훨씬 쉽다. 그래서 우리에겐 연습이 필요하다.

요즘은 회사나 학교 입시에 집단 면접을 도입한 곳이 많다. 전통적 일대일 면접에서는 면접자가 질문에 얼마나 조리 있게 대답을 하고, 짧은 시간에 설득력 있게 말을 하는지를 평가했다. 그런데 집단 면접의 평가 포인트는 다르다. 말을 잘하는 것도 물론 평가하지만, 다른 면접자가 말을 하는 동안 얼마나 잘 들어 주고 리액션을 잘하는가도 그만큼 중요하게 본다. 남이 이야기하는 동안 자기가 다음에 할 이야기를 생각하느라 리액션을 전혀 하지 않고 종이에 메모만 하면서 고개를 숙이고 있는 경우 좋은 평가를 받지 못한다.

그만큼 개인의 소통 능력이 중요하게 평가되고 있다. 리액션을 보여 주고 관계를 풀어 가는 훈련이 되어 있는지가 중요한 포인트로 여겨진다. 그런 사람들이 나중에 주변 사람들과도 잘 지내고 좋은 평가를 받으며 조직에 도움이 된다는 것이 여러 경로를 통해 입증된 덕분이다.

백 마디 말보다 한 번의 리액션이 더 효과적이다

이제부터 말을 잘하는 것뿐 아니라, 타인과의 관계에서 리액션을 잘하려는 노력을 해 보자. 이것도 연습이 필요하다. 다음 원칙들에 유의해 보자.

　첫째, 리액션에도 튜닝이 필요하다. 리액션이 과도하면 아부를 하는 것처럼 비춰지거나 아예 가벼운 사람처럼 보일 위험이 있다. 하지만 리액션을 너무 안 하면 상대가 "내 얘기가 그렇게 재미없나."라고 생각하거나, 나를 무례하거나 무뚝뚝한 사람으로 여긴다. 자신의 성격과 스타일에 맞으면서도 가장 효과적인 수위의 리액션으로 조절해 나가야 한다.

　둘째, 무조건 열심히 경청하라. 고개를 끄덕이고 눈을 마주침으로써 상대의 말을 최선을 다해 듣고 있다는 것을 보이는 것만으로도 충분하다. 손은 무릎 위나 탁자 위에 놓고, 경우에 따라서는 수첩을 꺼내 적을 준비를 하고, 눈은 말하는 사람을 쳐다보고 상대가 눈을 내 쪽으로 돌렸을 때에는 눈을 잘 마주치고 살짝 미소를 짓는다. 팔짱을 끼고 몸을 뒤로 젖힌 채 눈을 창밖으로 향하는 자세를 취하면, 실제로 당신이 아무리 상대의 말을 경청하고 있더라도 당신의 몸은 관심없다고 말하는 셈이다. 리액션에는 몸짓 언어도 포함된다는 것을 기억하라.

　셋째, 상대가 한 말을 정리해서 돌려주는 명료화가 도움이 된다. 몇 분 동안 한 말을 두세 문장으로 정리해서 다시 확인해 본다. 이렇게 하면 상대는 당신이 열심히 잘 들었다는 것을 확인하여 만족스럽고, 더 나아가 두서없이 한 말이 정리되어 돌아오기 때문에 고마워한다.

　넷째, "아, 그거 재미있네요. 자세히 얘기해 주세요."라고 말해 주는 촉진이 필요하다. 상대가 하는 말 중에서 흥미로운 부분을 잡아내어 말을 더해 가도록 추임새를 넣고 말을 부추기는 촉진은 상대를 신이 나게 한다.

　이런 식으로 리액션을 연습하다 보면 전보다 관계와 소통이 잘 풀리기 시작할 것이다. 사람들과 좋은 관계를 맺기 위해서는 어떻게 하면 멋지고 훌륭한 얘기를 할까 고민하면서 자신만의 멋진 콘텐츠를 개발하고 이야기 소재를 찾아내는 것도 필요하다. 하지만 때로는 백 마디 말보다 한 번의 리액션이 더 효과적이다. 소통의 어색함과 관계의 거리감을 아주 빠른 시간에 해소할 수 있는 꽤 좋은 범용 무기가 된다. 그러니 무엇을 먼저 익혀야 하냐고 묻는다면 나는 '멋진 말'보다는 '리액션'을 추천한다. 잘 모르는 사람을 만나도 리액션만 적절히 잘할 줄 알면 어느 정도 괜찮은 관계를 시작할 수 있다. 말을 더듬어도, 상대가 뭘 하는 사람인지 잘 몰라도 적절한 타이밍에 리액션을 잘하면 관계의 거리를 좁히고, 친밀감을 얻는다.

　리액션은 지금껏 상대적으로 두드러지지 않았던 소통의 중요한 요소다. 말을 맛깔나게 잘하는 것보다 리액션을 잘하는 것이 관계를 매끈하게 이끌어 가고, 만나는 상대가 내게 만족하고, 나에 대한 호감을 갖게 하는 데에 더 중요하다. 리액션은 소통과 관계의 기본이다. 유도를 배울 때 낙법부터 배우듯이, 소통에서 제일 먼저 배워야 할 것은 아이와 눈을 마주치고 고개를 끄덕여 줬던 엄마의 행동 같은 리액션이다. 관계는 여기서 시작된다.

8 독설,
독이 든 혀는 조심히 쓰라

독하지만 속 시원한 독설의 세계

대중문화에서 '독설' 하면 떠오르는 대표 인물은 김구라, 윤형빈 그리고 신해철이 있다. 이들이 독설로 주목을 받던 당시 방송에서 쏟아 낸 말을 보면 그 이전까지는 절대 용납되지 않을 내용과 수위였다. 그런데도 어째서인지 대중은 열광하고, 또 일부 연예인은 독설의 대상이 되는 것을 인기의 훈장쯤으로 여기게 되었다.

아직 독설에 대해 부정적 인식이 많았던 때부터 거침없는 발언으로 화제가 되곤 했던 '독설의 원조' 신해철은 여전히 신랄한 표현으로 주목받는다. 일례로 아이돌 밴드 씨엔블루가 표절 시비에 휘말릴 무렵 "씨엔블루가 인디 밴드면 파리가 새다. 씨엔블루가 진짜 밴드면 내가 은퇴한다."라고 독설을 내뱉었다. 대형 기획사에서 결성하여 매니지먼트를 받는 아이돌 밴드가 자칭 '인디 밴드'라며 이미지 메이킹을 하면서 메이저에서 활동하는 상황을 비난한 것이다.

한때 「개그콘서트」의 클로징을 맡았던 윤형빈은 "100만 안티가 목표"인 왕비호란 캐릭터로 활동하면서 인기를 모았다. 아예 독설가를 캐릭터로 삼은 그는 비호감이 느껴지는 특유의 분장을 하고 무대에 나와 매번 유명 연예인들에게 독설을 쏘아 댔다. 아이돌 그룹 샤이니가 나왔을 때 왕비호는 갑자기 학교 사진을 들추며 그들에게 어디인지 물었다. 아무도 대답을 하지 못하자 왕비호는 "여기가 너희 학교야. 학교 가 본 지가 너무 오래돼서 기억이 안 나지?"라고 일침을 놓았다. 또 아무도 쉽게 건드리지 못하는 서태지에게 "아, 그 데뷔 17년 차? 이제 디너쇼 준비해야지!"라며 놀려 대기도 했다.

과거 무명 시절의 순화되지 않은 독설이 알려지면서 한동안 방송 활동을 쉬기도 했지만, 독설의 대표 아이콘은 아무래도 김구라다. 김구라는 독설을 하나의 장르처럼 만든 장본인이다. 다른 사람이 했으면 무례했을 말이 김구라가 하면 으레 그런가 보다 하게 된다. 그는 가식이 없다. 말을 돌려 하지 않고 남들은 차마 물어보지 못할 질문을 즉각적으로 묻는다. 걸핏하면 아이돌들에게 누구 수입이 가장 많으냐고 묻고, 툭하면 김국진의 이혼 사실을 드러내서 주변을 당황시킨다. 가장 속물적이거나 가장 말하기 껄끄러운 부분을 아무렇지 않게 까놓고 직설적으로 발언하는 것이 그의 특기다.

예능에서 독설은 하나의 커다란 트렌드가 된 지 오래다. 머릿속에서 간질간질하게 느껴지던 부분을 시원하게 긁어 주는 쾌감을 느끼지 않을 수 없다. 특히 유명인사나 정치인에 대한 독설은 평소 나도 생각하던 바를 촌철살인의 재치로 속 시원하게 표출해 준다면 더할 나위 없는 통쾌함을 느낀다. 나도 시원하게 독설 한 방 날려 보고 싶다. 독설로 소통하기, 가능한 걸까?

독설의 치명적 매력

우리 사회에서 왜 독설이 난무하게 된 것일까. 우선 이것을 매운 음식이 유행하는 것과 같은 맥락에서 생각해 보자. 경기가 나빠지면 매운 음식을 찾는 사람이 늘어난다는 얘기가 있다.

사실 매운 맛이란 없다. 혀를 자극하여 통증을 유발하는 것이다. 통증을 통제하기 위해 뇌에서는 엔돌핀이 분비되고, 덕분에 통증은 사라지고 경우에 따라 쾌감을 느낄 수 있다. 이런 과정이 학습되고 난 다음에는 스트레스를 받고 나면 그 스트레스를 해결하기 위해 엔돌핀을 분비해 줄 매운 음식을 찾게 된다.

당장 스트레스의 원인이 사라지는 것은 아니지만 어쩌면 가학적인 이런 해결 방식이 조금 도움이 된다. 어쨌든 열이 오르고 화나는 것은 조금 줄어들기 때문이다. 그래서 우리는 가끔 욕쟁이 할머니가 운영하는 식당에 가서 괜히 욕을 들으면서 매운 음식을 허겁지겁 먹는지도 모른다.

하지만 일부러 매운 음식을 먹듯이 내 삶에 대해 제대로 독설을 들으려는 것은 엄두가 나지 않는 일이다. 아무리 그 독설이 정확한 사실이고 또 그 말을 듣는 것이 내 인생에 실질적 도움이 되더라도, 내 부족한 점, 취약점을 공격받는 것은 견디기 힘든 일이다. 아무리 매운 음식을 좋아한다 해도 궤양이 생긴 위장에 고춧가루를 퍼붓는 걸 즐기는 사람은 없다. 그래서 보통은 남의 이야기로서 독설을 즐긴다. 감정이입을 할 만한 제삼자가 독설의 희생자가 되는 것을 보면 흠칫 놀라면서 엔돌핀이 분비된다. 또는 독설을 퍼붓는 사람에게 이입을 해서 억제했던 내면의 공격성을 발산시킨다.

　　독설(毒舌), 독이 든 혀라는 것은 마치 복어 알과 같다. 혀가 알알하도록 일부러 독을 조금 남겨 놓고 복어 회를 먹는 사람들이 진정한 마니아라고 한다. 이런 식으로 독설의 수위도 점점 높아지는데, 그만큼 자극적 쾌감이 있기 때문이다. 하지만 복어 알을 잘못 먹으면 죽음에 가까워질 수 있는 것처럼, 독설도 그 수위가 심해지면 모든 걸 망칠 수 있다.

　　독설이 인기를 끄는 두 번째 이유는, 이것이 때론 권위에 대한 과감한 도전이 되기 때문이다. 상대방의 지위에 아랑곳하지 않고, 돌려 말하지 않고 바로 핵심으로 가 버린다. 독설은 철갑으로 무장하고 날아가는 화살과 같다. 방어막을 단숨에 뚫고 심장부에 날아가 꽂히는 원샷원킬의 쾌감을 준다. 성공하기 힘들 수 있지만, 성공했을 때 상대방의 표정을 보는 것만으로도, 아니 상상하는 것만으로도 통쾌하다. 김구라는 이명박 전 대통령이 취임 100일이 되었을 당시 그의 실패를 가리켜 "100일 된 애가 고혈압, 당뇨 등 성인병에 모두 걸린 꼴"이라고 말해 공감을 얻은 적도 있다.

　　독설의 세 번째 인기 요인은 독설을 하는 이가 친근하고 솔직하게 보인다는 것이다. 예의를 따지고 상대와 거리를 두는 사람들은 독설을 하지 못한다. 하지만 독설을 거침없이 하는 이들은 기본적으로 "우리 다 같이 까놓고 말하자."라는 태도이기 때문에 자신에 대해서도 열어 둔 것과 같다. 사우나에서 만나 함께 목욕하며 이 얘기 저 얘기 하는 내숭 제로의 태도를 먼저 내보이는 것이다. 오랜만에 고등학교 동창을 만나면 서로 서먹하지만, 한 친구가 먼저 "야, 이 자식, 여전히 비리비리하구나. 이 멸치 대가리! 난 이제 살쪄서 저팔계가 됐다."라고 학생 때 별명을 부르며 막 대하면 어색함이 쉽게 사라지는 것과 같다.

　　직장에서도 돌려 말하는 통에 무슨 의도로 하는 말인지 도대체 파악이 안 가는, 점잖기만 한 사람보다는 차라리 독설에 가깝게 말해도 메시지와 의도가 분명해서 알아듣기 쉽고 뒤끝이 없고 깔끔한 사람이 같이 일하기 더 쉽고, 더 인간적이라는 말이 나오기도 한다. 우리 사회는 고맥락 사회라고 한다. 맥락에 대한 파악이 빨라야 한다. 대부분 두루뭉술하게 돌려서 말하는 데 더 능숙하다. 의도를 직접 밝히는 것에 익숙하지 않다. 그렇기에 서로 답답한 것이 많다. 이럴 때 돌직구로 날아오는 독설은 뻥 뚫리는 통쾌함을 줄 수 있다. 이런 장점들을 살려 독설을 실전 소통에서 잘 사용하려면 어떻게 해야 할까.

좋은 독설을 위한 조건

독설도 잘 갈고 닦으면 김구라나 신해철을 뛰어넘어 철학자 버트런드 러셀이나 냉소적 유머 감각으로 유명한 영화감독 우디 앨런 같은 경지에 이를 수 있다. 독설의 심각한 독성은 피하고, 그 미덕을 살려 슬기롭게 독설을 하려면 어떻게 해야 할까.

첫째, 독설은 상대에 대한 애정과 관심을 바탕으로 던져야 한다. 어딘가 문제가 있는 사람들은 대부분 자기에게 문제가 있다는 것을 인식하고 있다. 그렇지만 쉽사리 변하지 못한다. 변하는 과정의 괴로움을 생각하면 차라리 불편하지만 익숙한 지금의 문제에 머무르는 것이 낫다고 여기기 때문이다. 그래서 조금 바꿔 보려다가 매번 포기하고 그 자리에 머무르기 일쑤다. 이때 참선을 할 때 스님이 치는 죽비처럼 정신이 번쩍 들게 해 주는 역할을 바로 '독설'이 해 주어야 한다.

촌철살인의 생산적 독설의 대표 주자는 많은 사랑을 받았던 드라마 「베토벤 바이러스」의 강마에다. 음악적 재능이 많은 건우가 음악을 포기하고 다시 경찰 일을 하러 가자 그의 재능을 잘 아는 강마에는 그를 찾아간다. 그러자 건우는 "그냥 꿈으로 놔둘 겁니다."라고 대답한다. 이때 강마에가 말한다.

꿈? 그게 어떻게 네 꿈이야? 움직이질 않는데! 그건 별이지! 하늘에 떠 있는, 가질 수도 없는, 시도조차 못 하는, 쳐다만 봐야 하는 별. 누가 지금 황당무계 별나라 이야기하재? 네가 뭔가를 해야 할 거 아니야! 조금이라도 부딪치고 애를 쓰고 하다못해 계획이라도 세워 봐야 거기에 네 냄새든 색깔이든 발라지는 게 아니야! 그래야, 네 꿈이다 말할 수 있는 거지! 아무거나 갖다 붙이면 다 네 꿈이야? 그렇게 쉬운 거면 의사, 박사, 변호사, 판사 몽땅 갖다 네 꿈 하지, 왜? 꿈을 이루라는 소리가 아니야. 꾸기라고 해 보라는 거야!

「베토벤 바이러스」의 명대사 중 하나다. 결국 강마에의 독설은 건우의 인생을 바꾸고 꿈을 이루도록 돕는다. 강마에가 가진, 음악에 대한 순수한 열정과 건우의 재능에 대한 믿음이 단호할 정도로 강하다는 걸 건우도 알기에 통한 것이다.

둘째, 독설은 솔직해야 한다. 독설을 위한 독설이어서는 안 된다. 독설이 그저 감정 배출 또는 공격을 위한 막말이 되는 것은 한순간이다. 모두가 눈을 찌푸리게 된다. 독설이 의미가 있으려면 그 안에 진정성이나 분명한 의도가 있는 콘텐츠가 있어야 한다.

「사유리의 식탐여행」에서 사유리는 매번 직설적인 표현으로 음식점 사장을 곤경에 빠트린다. 음식 맛을 본 후 천연덕스럽게 "맛없어요." 또는 "좀 짜다."라고 단도직입적으로 말한다. 모든 맛 기행 프로그램에서 출연자들이 천편일률적인 반응으로 맛있다고 외쳐 대는 것과는 판이한 반응이다. 하지만 그렇기에 시청자들에게 믿음을 준다.

팝 아티스트 낸시 랭은 한 토론에서 우파 논객 변희재에게 직설적으로 말했다. 변희재가 자신의 진영을 강조하며 강용석, 나경원, 전여옥과 친구나 마찬가지라고 하자 "그럼 술도 마시고 밥도 먹나요?"라고 묻고, 그가 아니라고 하자 "그런데 왜 친구예요? 술도 안 먹고 밥도 안 먹는데?"라고 그의 내용 없는 주장을 무력화시켰다.

독설이 상대를 공격하려는 의도 없이 천진난만함과 솔직함에서 나올 때는 더욱 강력한 힘을 발휘하여 상대를 무장 해제시킨다. 진정성이 더해지기 때문이다.

셋째, 독설은 자신이 분명하게 아는 부분에 대해서만 정확하게 날려야 한다. 독설을 잘 쓰면 문제의 핵심으로 단번에 진입할 수 있다. 그러나 그러려면 문제에 대해 충분히 잘 알고, 해결의 통찰력까지 갖춰야 한다. 무형문화재 급의 전통 예술가들이 제자에게 아무리 독설을 퍼부어도 아무도 거역하지 못하고, 오히려 한마디라도 더 혼이 나려고 노력하는 진풍경은 이런 맥락에서 이해할 수 있다. 일반적인 소통에서도 마찬가지다. 애매하게 아는 부분에서 독설을 날리는 것은 경솔한 짓이다. 강하게 말한 만큼 그 말에 책임을 져야 하기 때문이다.

보툴리눔은 극소량으로도 호흡 곤란으로 사망에 이르는 치명적 독소다. 그런데 1970년대에 미국의 안과 의사 앨런 스콧이 치사량의 1000분의 1을 정제해서 주사제로 사용하면 이 독소의 근육 이완 효과를 치료에 사용할 수 있다는 것을 밝혀냈다. 치료 방법이 없던 안면 경련, 사시, 뇌성마비 환자들에게는 구세주와 같은 약이 되었는데, 이것이 바로 요즘 주름살을 펴는 미용 성형에서 광범위하게 사용하는 보톡스다. 이렇게 독도 쓰기에 따라 명약이 될 수 있다. 하지만 그만큼 조심해서 다뤄야 한다.

우리가 다른 사람에게 제대로 된 좋은 독설을 하려면, 상대에 대한 애정을 갖고, 솔직하게 진정성을 담아, 그리고 내가 잘 아는 부분에 대해서 정확하게 던져야 한다. 그렇지 않으면, 그 말은 정말 독이 되어 관계마저 망치게 할 수 있다. 독설을 약이 되는 강력한 무기로 쓰려면 정말 독을 다루듯 조심해야 한다.

독을 함부로 쓰지 말라

좋은 독설을 하려면 조심해야 할 것들이 있다. 일단, 정직하고 혹독한 비판을 할 수는 있지만 그것이 사람에 대한 비난이 되어서는 안 된다. 비난은 사람을, 비판은 그 사람의 행동에 대한 지적이라는 것을 명심하자. "너는 도대체 왜 그렇게 생겨 먹은 거야?", "난 네가 그럴 인간인 줄 알았어."라는 말은 비난이다. 그보다는 "약속을 어기다니, 나로호 발사가 실패할 때보다 더 실망이야."처럼 비판의 대상을 그 사람의 행동으로 국한하고 그 안에서 독기 있게 말을 해보는 편이 낫다. 아라비아 격언 중에 "세상에서 가장 맛있는 음료수는 비난이 입안에서 용솟음칠 때 그것을 꿀걱 마셔 버리는 것이다."라는 말이 있다. 아무리 감정이 솟구쳐도 꿀걱 마셔 버려야 한다.

둘째, 내가 당한 피해를 과장하고 상대의 행동이나 의도를 과장해서는 안 된다. "내가 너 때문에 망했어. 이제 나뿐 아니라 우리 회사 전체가 유사 이래 가장 심각한 피해를 입게 되었는데 이건 예수가 다시 태어나도 절대 복구할 수 없을 거야. 넌 처음부터 일부러 그런 게 분명해."라고 하는 식이다.

셋째, 모든 걸 다 알고 있었다는 식의 태도로 상대 자존심을 건드려서는 안 된다. "네가 뭘 제대로 한 게 있냐? 해 보겠다고 나설 때부터 진즉에 걱정이 됐어. 네가 지금까지 제대로 한 게 뭐가 있어."라는 식의 독설은 자존심만 건드려 너 죽고 나 죽자는 자폭 분위기만 만들 뿐이다.

마지막으로, 관계의 끝을 걸고 상대를 위협해서는 안 된다. "이제 너랑 나는 끝이야.", "다시는 날 볼 생각도 하지 마.", "넌 인간도 아니야."라는 식의 말은 뒤의 관계를 이어 갈 수 없게 하기 때문에 용서나 화해, 진정한 반성과 변화로 이어지기 어렵다. 충격 요법으로라도 쓰지 않는 게 좋다. 상대에게 내뿜은 독이 너무 강해 자신의 몸까지 망가뜨리는 격이다.

이런 면들을 고려해서 잘 쓴다면 독설을 할 줄 아는 것은 분명한 한 방이 있는 사람으로 거듭날 수 있는 기회가 된다. 이렇게 독설은 보기에는 통쾌해 보이지만 막상 실제로 사용하려면 조심해야 할 부분이 더 많다. 독설도 결국에는 화법의 하나이고, 타인과 소통을 잘하려면 올바른 대화의 원칙을 따라야 하기 때문이다.

영국의 극작가 조지 버나드 쇼에게 어느 예쁜 무용가가 사랑을 고백했다. "선생님의 두뇌와 나의 외모를 가진 아이가 태어나면 멋지겠죠?” 그러자 쇼가 바로 되받았다. “반대로 내 외모와 당신의 두뇌를 가진 아이라면 끔찍하겠지요.” 이와 같이 짧으면서도 운율이 맞게 되받아치며 유머까지 담아 자신의 의도를 잘 전달하는 것은 아무나 할 수 있는 것이 아니다. 자칫 잘못 반응했다가는 상대의 기분을 상하게 하고 자신도 크게 다치기 쉽다. 그러나 잘만 하면 백 마디 말보다도 큰 효과를 거둘 수 있다.

효과가 좋은 어떤 약들은 효과가 있는 용량과 부작용이 발생하는 용량의 차이가 매우 작다. 조금만 적게 쓰면 약효가 없고, 자칫 많이 쓰면 치명적인 부작용이 발생한다. 그런데도 그 약을 사용하는 것은 잘 쓰면 다른 대체할 만한 약이 없을 정도로 약효가 정말 좋기 때문이다. 독설이 바로 그런 것 같다.

독이 약이 되는 것은 예술적 수준의 노력과 기술이 필요하다. 그러니 어설프게 독설가인 양 행세하기보다는 앞서 말한 원칙들에 맞춰 충분히 다룰 수 있을 때나 독설을 쓰는 것이 좋다. 후련하기는 하지만 막상 하려면 체질에 맞는 사람들이나 할 수 있는 것이고, 어설프게 했다가는 역풍만 맞기 쉽다. 멋져 보이는 옷이 다 내게 어울리는 것은 아니다. 잘 쓰면 명약이나, 자칫하면 원래의 독을 뿜어 버리는 것, 그것이 독설이다.

3부

삶을
놀이로
만드는 힘

9 게임을 하듯
도전하고 또 도전하라

그저 즐겨라, 순수하게

마크 트웨인의 소설 『톰 소여의 모험』에 나오는 이야기다. 폴리 이모가 톰에게 담벼락에 페인트를 칠하라고 시킨다. 더운 여름에 지루하기 짝이 없는 일을 하려니 톰은 그것이 너무 힘들게 느껴졌다. 그래서 톰은 묘안을 생각해 낸다. 너무 재밌어서 친구가 옆에서 말을 걸어도 못 들을 정도로 몰두한 척을 하는 것이다. 톰이 너무나 즐겁게 페인트칠을 하는 것을 본 친구들은 모두 호기심을 느낀다. 결국 페인트칠 놀이를 하고 싶어 안달이 난 친구들에게 톰은 허락해 주는 대신 공기알, 병유리 조각, 양철 병정, 올챙이 등을 받아 내며 편하게 쉰다. 같은 일이지만, 그것을 놀이라고 생각하는 순간 자발적으로 즐기는 즐거운 일이 된 것이다. 나는 이것을 놀이의 마법이라고 생각한다.

예능 프로그램에는 몇 가지 간단한 규칙으로 이루어진 놀이라 할 수 있는 수많은 게임이 등장한다. 예능에서 게임을 빼면 '단팥 빠진 찐빵'이 아닐까. 특히 「무한도전」과 「런닝맨」에서 활약하는 유재석은 게임을 재미있게 풀어내는 데 탁월하다. 「1박 2일」에서 즐기는 복불복 게임은 까나리 액젓 마시기, 야외 취침, 입수와 같은 벌칙과 함께 프로그램의 트레이드 마크가 되었다.

이제는 프로그램의 목적이 게임 자체인 「런닝맨」까지 등장해 인기를 끌고 있다. 처음에는 다양한 형식의 게임을 시도했지만 점차 술래잡기를 변형한 게임이 프로그램의 중심이 되었다. 각자 뒤에 이름표를 붙이고 활동하는데, 이름표를 떼면 목숨을 잃고, 끝까지 살아남는 자가 이기는 단순한 형식의 게임이다. 공격하는 팀이 방울을 달고 활동하는 등 게임은 점차 진화했고, 초등학생들 사이에서도 이 이름표 술래잡기가 큰 인기를 끌고 있다고 한다. 이후 롤플레잉 게임 형식을 차용해서 단서를 획득해 최종 보물을 찾도록 미션을 주고, 출연자들이 아이템을 찾으면 시간을 멈추는 초능력 같은 특정 능력을 얻는 식으로 발전해 나가며, 재미 요소를 추가해 나갔다.

대표적인 게임 중심 예능 프로그램인 「런닝맨」이 흥미로운 것은 이전의 예능 프로그램에서는 절대 빠지지 않았던 고약한 벌칙이 없다는 점이다. 정말 순수한 놀이로서 게임만 하고 승자를 가린다. 이것은 게임에서 지면 엄동설한에 밖에서 자야 하거나, 차가운 물에 뛰어드는 입수를 해야 하는 벌칙이 있는 다른 예능 프로그램과 분명한 차별점이다. 순수한 즐거움만 있다. 져도 즐겁고, 이기면 더 좋은 놀이일 뿐이다.

어떻게 보면 유치하고 단순한 게임을 하면서 그래도 목표를 달성하겠다고 출연자들이 뛰고 달리고 넘어지는 예능 프로그램을 보며 우리는 웃고 즐긴다. 직접 하는 게임도 아닌데, 우리는 뭐가 그리 즐거운 걸까.

게임은 왜 재미있는가

위니콧은 놀이를 하면서 아이가 자란다고 했다. 공부가 아니라 놀이를 통해 현실을 배우고, 자라면서 겪는 일상의 좌절을 놀이가 주는 승리의 기쁨으로 치유받으며 극복한다고 했다. 세상에 나온 아이는 놀면서 배운다. 놀이는 인간에게 가장 익숙한 즐거운 행동이다.

프로이트는 놀이를 하는 모든 사람이 작가와 같으며 놀이를 하면서 자기만의 세계를 창조한다고 했다. 그래서 놀이의 대립물은 진지함이 아니라 현실이라고 했다. 현실을 벗어난 우리는 그래서 놀 때 즐겁고, 잘 노는 사람을 보는 것만으로도 기분이 좋아진다. 프로이트는 또 말하길, 놀이와 공상은 현실에서 만족하지 못한 상태를 반영하는데, 공상을 하는 것이 만족스럽지 못한 현실을 교정하려는 노력인 것처럼, 놀이에서도 그런 소망이 표현된다고 했다. 또 놀면서 현실의 어려움과 아픔이 어느 정도 줄어들 수 있다고 했다.

　그래서 우리는 게임을 할 때나 볼 때 자신도 모르게 열중하게 된다. 직접 체험하지 않더라도 축구 게임을 보는 것만으로 대리 경험이 되며, 보는 것만으로도 충분히 즐겁다. 그리고 게임을 즐기는 동안 모든 현실을 잊고 완전히 빠져든다. 게임에서 실패하면 좌절하기도 하지만, 승리하거나 즐기는 과정에서 카타르시스도 느낀다.

　게임이 재미있으려면 너무 달성하기 쉬운 목표보다는 장애물이 꽤 있지만 언젠가 극복하고 달성 가능한 정도의 목표가 주어져야 한다. 예능 프로그램에서는 보통 처음 들었을 때에는 무모하고 불가능해 보이는 목표를 제시한다. 대표적인 프로그램이 「만 원의 행복」이었다. 현금 1만 원을 받은 다음 가능한 그 돈을 적게 쓰며 일주일을 지내는 것이 미션이었다. 출연자 둘의 대결 구도에서 일주일 후 남은 돈이 더 많은 쪽이 이기는 규칙이었다. 밥 한 끼 사 먹을 돈으로 일주일을 버텨야 하는 괴로움과 어려움, 그리고 그 안에서 돈을 아끼려고 고군분투하는 모습이 시청자에게 즐거움을 줬다. 최근에는 「인간의 조건」에서 자동차 없이 살기, 쓰레기 배출 안 하기 같은 미션을 수행하며 비슷한 즐거움을 준다.

　대부분 예능 프로그램들이 제시하는 목표는 "와, 그걸 어떻게 해?"라고 할 만한 것들이다. 1만 원으로 장거리 목적지에 도착해야 하고, 제한된 시간에 특이한 직업이나 물건을 가진 사람들을 찾아내야 한다. 얼핏 기존의 상식과 경험으로 미루어, 그 금액과 그 시간 내에서는 도저히 달성할 수 없을 것 같다. 놀랍게도 출연자가 때로는 결국 해내고, 때로는 역시나 실패한다. 하지만 목표를 달성하려는 과정에서 발생하는, 한편 창의적이고, 한편 무모하고 우스꽝스러운 행동과 판단이 웃음의 포인트가 된다.

바보 같고 의미 없는 놀이로 보이기도 하지만 한 시간에 달하는 긴 시간 동안 우리가 집중하고 몰입할 수 있는 것은 게임의 속성 때문이다. 현실을 떠나 그 세계만의 규칙을 경험하는 것 자체가 즐거운 일이 된다. 그들이 게임을 잘하느냐 못하느냐는 상대적으로 큰 상관이 없다. 목표를 달성하면 달성하는 대로의 쾌감이 있고, 실패하면 실패했을 때의 안타까움이 게임을 지켜보는 동력이 된다. 게임이란, 새로운 세계를 경험하는 과정 자체를 즐기도록 설계되어 있기 때문이다.

언젠가는 성공할 수 있다는 낙관적 기대의 힘

게임은 낙관적 기대를 하게 하는 힘이 있다. 확률은 낮더라도 언젠가는 성공할 수 있는 범위 내에 설계되어 있으므로 게임을 하다 보면 결국 성공할 수 있다는 것을 우리는 안다. 그래서 알게 모르게 게임을 할 때 "잘될 거야.", "우린 해낼 수 있을 거야."라는 낙관적 자세로 열중하게 된다.

이에 반해 현실은 어떤가. "잘 안 되면 어떡하지?", "회사에서 감원 대상이 되거나, 구조 조정 대상이 될지도 모르는데, 실적이 나쁘면 어떻게 하지?"라는 앞날에 대한 불안으로부터 자유롭기 어렵다. 세상에서 요구하는 최소한의 평균값이 너무 높다. 이 정도는 해야 된다며 요구받는 수준이란 죽도록 노력해야 겨우 달성할 정도 이상인 경우가 많다. 또 목표치를 겨우 해내고 나도 쉴 수 있는 게 아니다. 더 많은 일을 하도록 요구하는 다음 레벨의 방으로 밀어 넣어진다.

게임과 달리 우리가 사는 현실은 우울하기만 하고, 실패와 좌절의 연속으로 이어진다. 앞날에 대해 긍정적이고 예측 가능한 생각을 하는 것은 사치와 같다. 지독한 경쟁 속에 단 한 번의 실패는 완전한 아웃을 의미한다. 게임처럼 다시 시작하는 것을 바랄 수 없다. 아무리 잘해도 딱 한 번 실패하는 경우 봐주는 것 없이 바로 퇴출이고, 내가 지키던 자리는 다른 사람으로 대체된다. 그리고 함께하던 동료들은 금세 나를 잊어버린다. 모두들 자기 자리를 지키는 것만으로도 버겁기 때문이다.

그런데도 세상은 그저 긍정적으로 생각하라고, 실패의 원인은 내가 나를 단련시키고 계발시키지 않아서라고 말한다. 불안을 조장하면서, 자기계발서에서 무능하고 게으른 나를 발견하게 한다. 잭 웰치, 스티브 잡스처럼 성공한 사람들의 위대한 성취를 보며, 내가 그들만큼 노력하지 않아서 실패했다고 자책하게 하거나, 그들만큼 될 리가 없는데 열심히 해서 뭐하나라는 열패감을 느끼게 한다. 나는 이런 자기계발서들이 병 주고 약 주면서 "결국 네가 몸이 약해서 병에 걸린 거야."라고 말하는 것 같아 썩 내키지 않는다. 그래도 우리는 불안해서 그거라도 봐야 할 것 같아 책을 집어 들고 만다.

이 세상에서 우리는 마치 지게 되어 있는 게임을 하는 것만 같다.

하지만 게임에는 이런 냉혹한 현실과는 다른 낙관적 기대가 기저에 깔려 있다. 실패하더라도 쉽게 다시 도전할 수 있다. 아니, 도전하고 싶게 만든다. 계속 노력하다 보면 언젠가는 분명 목표를 달성할 수 있을 것이라는 기대가 있기 때문이다. 그런 기대가 게임을 더욱 즐길 수 있게 해 준다.

현실에서도 그런 기대를 품을 수는 없을까. 게임하듯 좀 더 가볍고 즐거운 마음으로 인생에 임하고 싶다면 톰이 페인트칠이라는 노동을 놀이로 바꾼 것과 같은 마법이 필요하다. 아마 내가 하는 일에 대해서 지금과는 질적으로 다른 낙관적 기대를 할 수 있을 것이다. 비록 현실은 고달프고, 내게 실현 불가능한 목적을 달성하라고 윽박지르고, 단 한 번의 실패도 용납하지 않는 듯 보이지만, 현실을 나만의 게임 규칙으로 바라본다면 세상이 달리 보일 것이다. 실패하면 어떤가. 다시 이전 레벨부터 시작하면 된다.

이는 허황된 공상을 하라는 것이 아니다. 세상을 보는 프레임을 바꿔 보자는 것이다. 현실에 대한 공포심을 버리고, 게임을 할 때처럼 목표 달성 과정을 즐기고, 도전을 두려워하지 않는 마음 자세가 우리에게는 필요하다.

삶을 놀이로 즐기는 '완전히 살아 있는 경험'

참을성이 없는 한 초등학생 아이가 문제집 푸는 것을 너무 싫어했다. 어머니는 공부가 지겨워서 몸을 배배 꼬는 아이 때문에 속이 터졌다. 한 장 푸는 데 30분은 기본이고 그것도 대충 풀어서 틀린 문제투성이라고 내게 하소연을 했다. 아이도 자신이 문제를 풀 때 어머니가 옆에서 한숨을 푹푹 쉬며 자신을 뚫어져라 쳐다보고 있으니 맘 편하게 공부할 수 없어 역시 짜증이 나 있었다. 나는 이 상황을 게임으로 바꿔 보자고 제안했다.

일단 문제집을 작은 책으로 바꿔서 한 장 안에 문제가 적게 들어가도록 했다. 그리고 한 장을 다 풀면 답이 맞는지 맞춰 보고 그 페이지를 확 뜯은 후 아이가 그 종이를 마구 구겨서 공 모양으로 만들게 했다. 마지막으로 아이가 방 한구석에 있는 휴지통에 그 종이 공을 던져 넣도록 했다. 아이는 전보다 훨씬 흥미롭게 문제를 풀 수 있었다. 한 번에 푸는 양이 전보다 줄어서 보상을 쉽게 받을 수 있었고, 보상으로 자신이 부담스러워하는 문제집을 구길 수 있었으니 더욱 신났던 것이다.

어렵고 지겨운 일도 게임으로 변환하면 훨씬 즐겁게 할 수 있다. 바라보는 시점의 차이, 프레임의 변환만으로 같은 일이 다른 의미로 전환된다. 어떤 일을 처음 접하거나, 그동안 해 온 일이 감당하기 어렵다고 느껴지면 의욕이 생기기 전에 질려 버리기 쉽다. 하지만 "즐기며 하자."라는 게임 정신으로 극복해 보자.

현실의 과제를 게임의 관점에서 잘해 나가기 위해 필요한 것은 먼저 실현 가능한 나만의 목표를 설정하는 것이다. 게임이 좋은 이유는 명확한 목표 아래 일을 수행할 수 있다는 것이다. 게임에서 달성하는 일은 들인 노력만큼 반드시 진척이 있고 눈에 보인다. 즉 생산성이 보장되어 있다. 우리의 삶도 그렇게 디자인해 보자. 감당할 수 있는 수준으로 목표 단위를 나누고, 레벨을 나누어 성취 욕구를 자극할 수 있도록 현실 과제를 재구성하는 과정이 필요하다.

예를 들어 어떤 사람이 영어 공부를 결심했다면, 무작정 영어 회화 학원을 가는 것보다 토익이나 텝스 같은 시험을 목표로 삼기를 권한다. 영어 회화 학원을 다녀 영어가 유창해지는 것은 목표 자체가 명확지 않은 데다, 언제까지 해야 할지 기한도 불분명하고, 목표 달성 정도를 확인하기도 어렵다. 그에 비해 토익 시험은 보다 구체적인 목표를 정할 수 있고, 시험도 정기적으로 있으며, 무엇보다 점수화할 수 있어 구체적인 목표를 세우기에 좋다.

여기에 목표치를 달성했을 때 적절한 보상을 받도록 설계하면 이 과제는 게임으로서 아주 훌륭해진다. 이런 과정을 통해 현실적이고 실현 가능한 성공을 작게나마 경험하면 실제로 나의 능력치도 올라가고, 다음 단계에서 목표치를 올릴 자신감도 생기고, 도전 의식도 생긴다. 목표에 대한 공포심, 무력감을 없애고 낙관적 기대감을 가지게 되는 것이다.

작은 성취감이 모여 "나는 할 수 있어."라는 자신감이 되고, 다음 도전에 대한 동기가 된다. 그리고 단단한 자신감이 생기면, 자칫 실패하더라도 또 도전할 수 있다. 이런 성취감과 자신감은 과제를 수행하는 과정에서 즐거움이란 감정으로 전환되면서 더 큰 목표를 향해 자가 발전해 나가는 원동력이 된다.

자신감이 상승하며 세상에 대한 공포와 불안감이 사라지고, 외부의 칭찬과 보상에 더 이상 얽매이지 않게 되는 것. 이런 자가 발전적 내적 보상을 추구하게 되는 선순환을 만들 수 있다면 금상첨화다. 이때 우리는 완벽한 몰입을 하며 '완전히 살아 있는 경험'을 하게 된다. 삶을 놀이로서 완벽하게 즐기게 되는 것이다.

인생에서도 즐거운 실패는 가능하다

인생에서 나는 주인공이고 최소한 스스로에게 영웅이어야 한다. 게임 캐릭터가 내 시점의 일인칭 시점으로 움직이듯, 내가 주인공이어야 한다. 그런 마음으로 이 험한 미로를 헤쳐 나가야 한다. 이때 불가피하게 경험하는 실패와 좌절은 '영원한 아웃'이 아니라 게임에서 그렇듯이 "Continue? Yes or No?"로 이어지는 즐거운 실패다.

게임에서 실패는 영원한 실패가 아니다. 실패마저 즐거울 수 있다. 하지만 인생에서는 이렇게 즐겁게 실패와 패배를 허용하지 않는다. 그래서 게임을 통해 배웠으면 한다. 한 번의 실패가 인생 전체의 실패는 아니고, 실패란 반복되기 마련이며, 그래도 괜찮다는 것을 체험으로 배우는 것이다. 사뮈엘 베케트는 한 희곡에 이렇게 썼다. "괜찮다. 또 해 봐라. 또 실패해라. 더 잘 실패해라." 실패는 권장되어야 한다. 안전한 실패의 기회, 바로 게임에 있다.

그런데 우리는 어릴 때부터 실패에 익숙하지 않다. 아니, 요즘은 세대가 내려갈수록 더 내성이 약해지는 것 같다. 넘어져야 자전거를 배우고 물을 먹어야 수영을 배우는데, 넘어질까 봐 보조 바퀴를 빼 주지 않고, 물 먹고 탈 날까 봐 구명조끼를 벗기지 않는 부모가 많다. 그렇게 자라난 아이들이 어른이 되고 있다. 실패와 좌절은 아프다. 그러나 아파 봐야 견딜 수 있다. 문제는 어른이 되어 경험하는 실패에 대한 대가와 고통이 더 크기 마련인데, 요즘 성인이 된 이들은 어릴 때 부모의 보호 아래 있느라 실패의 예방 주사를 맞아 보지 못했다는 것이다.

실제 게임을 하면 통계적으로 다섯 번에 네 번은 실패한다. 내가 몰입한 게임 주인공은 끝내 장렬히 파괴되고 죽는다. 그런데도 우리는 웃고 즐긴다. 넘어지고 깨지고 부서지는데도 깔깔거리고 웃는다. 왜? 다시 시작하면 되니까. 이번 실패를 거울삼으면 다음번에 더 잘할 수 있다는 것을 우리는 알기 때문이다.

우리 삶도 그럴 수 있었으면 좋겠다. 사회에서 겪는 실패와 좌절에 익숙하지 않을수록 우리가 받는 상처는 급소를 깊이 찔린 것처럼 아픔이 크다. 그러나 이럴 때일수록 "Continue? Yes or No?"에서 부담 없이 Yes 버튼을 눌렀던 마음으로 바꿔 먹어야 한다. 나락에 빠진 인생의 실패를 서서히 낙관적 희망과 열정의 '즐거운 실패'로 전환해야 한다. 그래야 실패하고도 비관의 늪에 빠지지 않고, 다음 도전을 준비할 수 있다.

지나친 비관과 자책보다는, 차라리 근거 없는 낙관이 낫다. 예능 프로그램에서 출연자가 매주 미션에 실패하고, 야외 취침을 하고, 까나리 액젓을 먹고, 밥을 굶는 것을 본다. 하지만 그래도 괜찮다. 그들의 즐거운 실패는 다음 주에도 나올 것이고, 또 이번에 실패한 출연자가 다음번에는 괜찮을 거라는 것을 알기 때문이다. 이와 같이 우리 인생도 꼭 겨울만 있는 것은 아니라는 것을 예능은 알려 준다.

게임은 비교적 공평하고 분명한 과정과 결과를 주는 놀이다. 그래서 쉽게 몰입할 수 있고, 성공은 짜릿하며, 보상은 그 어떤 칭찬이나 보수보다 만족감이 높다. 현실에서 도피하기 위한 수단으로 게임을 선택하기보다, 현실에서 내가 느끼는 좌절, 기약 없음, 예측 불가능함을 극복하고 대처하는 수단으로 게임의 규칙을 이용해 보자. 실패조차 즐거워질 것이다. 지루하고 힘들다고만 느꼈던 인생에 즐거이 몰입하고, 실패를 웃으면서 받아들이고 다시 시작하는 것, 그것이 게임으로부터 배우는 마음의 힘이다.

 ## 때로는 무엇보다 풍요로운 잉여의 시간을 보내라

의미가 없어도 너무 없다?

지금의 「일밤」으로 바뀌기 전 예능 프로그램 「일요일 일요일 밤에」에서 캠페인성 코너들이 인기가 있던 시절이 있었다. 「이경규가 간다」라는 코너에서 MC 이경규가 자동차들이 모두 정지 신호에 맞춰 정지선에 정확히 멈추는지 숨어서 확인을 했는데, 한밤중에도 모든 규칙을 잘 지켜서 멈춰 서는 차가 있으면 시청자들도 환호했고 제작진은 운전자에게 '양심 냉장고'를 선물했다. 또 가난한 이웃의 낡고 불편한 집을 대대적으로 고쳐 주어 소위 '러브 하우스'를 선물하는 코너 「러브 하우스」도 많은 사람의 사랑을 받았다. 사회 정의를 내세우거나 소외된 이웃들에게 도움을 주며 마음을 따뜻하게 하는 기획들이 사회적으로 좋은 반향을 일으켰다.

그런데 요즘은 사회적으로 의미 있는 기획의 프로그램들이 인기를 끌지 못한다. 대신 최근 예능 프로그램을 채우는 내용은 거의 모두 '쓸데없는 짓들'이다. 3·6·9 게임에서 진 사람은 까나리 액젓을 마셔야 하고, 가위바위보에서 지면 차가운 물에 입수를 하는 식이다. 다른 사람의 등에 붙은 이름표를 떼어 내기 위해 종횡무진 뛰어다니고 심리 게임에서 이기기 위해 서로를 속인다. 그냥 밥 한 끼를 먹어도 되는데, 꼭 게임을 해서 이겨야 밥을 먹을 수 있고, 어떤 경우는 밥을 먹는 것 자체가 게임이어서 이미 배가 차고 남았는데도 계속 꾸역꾸역 먹어야만 한다.

어떤 의미도 없고, 교훈은 1퍼센트도 담겨 있지 않다. 텔레비전이 '바보 상자'라며 하루 종일 텔레비전에만 매달려서 살면 바보가 된다고 모두들 우려하던 시절이 있었다. 교육에 재미를 더한 에듀테인먼트까지는 바라지 않지만, 그래도 시간을 들였으면 얻어 가는 것도 있으면 싶은데, 이건 의미가 없어도 너무 없다.

밤중에 「안녕하세요」나 「해피투게더」를 보면서 정신없이 웃기는 웃었다. 그런데 다음 날 아침에 일어나 보면 뭘 보고 웃었는지 잘 기억이 나지 않는다. 맥락도 없고, 의미도 없었다. 기억할 만한 콘텐츠가 없었기에 남는 것이 없다. 그런데도 이런 예능 프로그램들을 자꾸 보게 되는 이유는 무엇일까.

예능 프로그램에 MC와 게스트가 나와 '쓸데없는 짓'을 하며 아무 의미 없이 노는 것을 보는 것이 즐거운 이유는, 그것이 우리가 평소 살면서 품고 있는 '의미에 대한 강박'을 풀어 주기 때문이다. 어려서부터 우리가 귀에 못이 박이도록 듣는 말 중에 "그런 건 뭐하러 하니, 쓸데없이.", "천하의 쓸모없는 짓에 시간을 그렇게 낭비하다니." 같은 말이 있지 않은가.

세상은 넓고, 할 일은 엄청 많으며, 배울 것도 너무 많다. 어느 순간 마음이 확 급해진다. 허투루 쓸 시간이란 없는 것 같다. 시간을 효율적으로 쓰는 방법을 알려 주는 책을 보기도 하고, 스마트폰에서 캘린더나 할 일 목록을 만들어 관리해 보지만 항상 시간은 부족한 것 같다. 우리는 시간을 효율적으로 써서 주어진 시간 동안 최대한 많은 것을 배우고 익혀 내 것으로 만드는 것이 생존의 관건이라고 배웠다. 한마디로 "시간은 금이다."였다.

지능 검사에서, 주어진 요소들 사이의 연관성을 찾아내고, 맥락을 파악하고, 공통점을 추출해 내는 능력을 주요 능력으로 측정하는 것도 같은 이유다. 한 사람의 능력은 그가 얼마나 효율적으로 시간을 관리하고, 허투루 버리는 것 없이 얼마나 많은 일에서 의미를 찾아내고, 그것을 잘 저장해 놓았다가 적재적소에 사용할 줄 아는가로 평가한다.

수많은 자기계발서가 담고 있는 내용들도 대부분 그런 팁들이다. 그런데 이렇게 살아가는 것은 참 피곤한 일이 아닐 수 없다. 그래서 마음 놓고 쓸데없는 짓을 하는 사람을 보면 부럽다. 내가 차마 하지 못하는 일을 과감히 하고 있기 때문이다. 우리는 쓸 데 있는 다른 의미 있는 일, 내게 영양가 있는 일만 하기에도 항상 시간이 부족하다고 느끼면서 살아왔다. 그런데도 성취감은 고사하고 열등감을 느낄 일만 가득하다. 모자라다고 느끼고, 더 열심히 해야겠다고 자신을 채찍질하기에도 바쁘다.

만족스러운 삶을 위해서는 더 조이고, 더 당기기보다 아무것도 안 하는 태도를 적극적으로 취할 필요가 있다. "열심히 더 열심히, 빨리 더 빨리"에만 익숙해져서 조바심을 내며 조금만 늦어도 죄책감과 자괴감을 느끼며 사는 사람들이라면 더욱더 그런 태도가 필수 처방이라고 생각한다.

바이올린을 연주하고 난 바이올리니스트가 보관함에 넣기 전에 바이올린의 줄을 푸는 것을 어떤 이가 보았다. 열심히 튜닝을 한 바이올린 줄을 다시 푸는 것이 이상해서 "내일도 공연을 할 텐데 왜 줄을 푸시나요? 귀찮잖아요."라고 물어보았다. 그러자 바이올리니스트는 "물론 내일 다시 줄을 맞추려면 귀찮기는 하지요. 그렇지만 이렇게 줄이 팽팽한 상태로 두면 밤새 줄이 조금 늘어져서 어차피 새로 튜닝을 해야 해요. 그리고 무엇보다 계속 이 상태로 두면 줄이 바이올린 자체에 무리를 줘요. 잘못하면 바이올린이 휘어 버릴지 몰라요. 그래서 매번 귀찮지만 풀어 주는 거예요."라고 했다.

우리의 몸과 마음도 마찬가지다. 한 번 당기면, 한 번 쉬어 주고 풀어 주는 것을 적극적으로 해야 할 필요가 있다. 휴일에 아이들과 놀이동산을 가거나, 애인을 만나 극장이나 전시회를 가거나 드라이브를 하는 이유가 월요일에 출근했을 때 "주말에 뭐 했어?"라는 동료들 질문에 대답하기 위한 것인 사람들이 있다. 그냥 무료하게 집에서 시간을 보내다 일요일 오후가 되면 왠지 모르게 죄책감을 경험해 본 사람들도 같은 부류의 사람들이다.

예능 프로그램에서 의미 없는 개그와 말장난으로 즐겁게 시간을 보내는 모습을 부러워하지만 말고, 쓸모없어 보이는 '잉여의 시간'도 충분히 의미가 있다는 것을 깨달아야 한다. 나는 이것을 '적극적으로 아무것도 안 하기(active inactivity)'라고 말한다. 뭔가 의미 있는 일을 하기 위해 열심히 살아온 시간이 있다면 나머지 시간만큼은 그 어떤 이유도, 의미도 없이 게으름을 즐길 여유가 필요하다. 익숙하지 않은 사람은 그렇게 잘 하지 못한다. 그래서 더욱더 적극적으로 비울 수 있는 용기와 태도의 변화가 필요한 것이다.

때로는 그대로 비워 두라

추사 김정희의 「세한도」를 처음 봤을 때 누가 장난을 친 그림 같다고 생각했다. 나무 두 그루를 대충 그리고 집도 그리다 말았다. 거기다가 오른쪽 공간은 이상하게 느껴질 정도로 휑하니 비워 놓았다. 어디인지 모르게 그리다 만 것 같은 그림. 그런데 이게 걸작이다.

적극적으로 비움을 실천했고, 그것을 견뎌 낼 수 있었고, 의도적인 불균형적 비움으로 그림을 끝낸 것이 바로 이 그림을 조선 시대 문인화의 최고로 꼽는 이유라고 생각한다.

인간은 누구나 비어 있는 공간을 채우고 싶은 욕망이 있고, 그것이 채워지지 않으면 불안해한다. 한 교육학자가 이런 실험을 했다. 학생들에게 주관식 시험 문제를 냈는데 문제마다 한 집단에는 다섯 줄을 쓸 공간을 주고, 다른 집단에는 스무 줄을 쓸 공간을 두고 시험지 편집을 했다. 실제로 답안은 네 줄 정도만 쓰면 되는 내용이었다. 그런데 두 번째 집단 학생들은 다섯 줄을 넘겨서 더 많은 내용을 쓴 사람이 많았다. 정답을 이미 잘 아는데도, 비어 있는 시험지 공간을 보고는 정답 내용이 뭔가 더 많을 거라고 짐작해서 불안해진 학생들이 공간을 더 메운 것이다.

비어 있는 시간이 있다는 것은 견디기 어려운 일이 되기 쉽다. 또 의미 없이 재미를 위해서만 모인 모임이나 활동도 죄의식과 불안을 만들어 낸다. 그렇지만 예능 프로그램의 출연자들이 의미 없이 놀면서 즐기듯이 우리도 그렇게 해 볼 필요가 있다. 특히 자신이 모범생처럼 살아가고 있다면 더욱더 그렇다. 놀라고 시간을 줘도 잘 놀지 못하는 사람들이 많다. 그렇다고 뭘 하는 것도 아니면서 안절부절못한다. 그리고 세월이 지날수록 후회한다. 겨우 할 수 있는 것이라고는 텔레비전을 보면서 의미 없이 잘 노는 연예인들을 보며 낄낄거리는 것뿐이다.

나도 모르게 예능 프로그램이라도 보게 되는 이유는 거기에 우리가 원하는 것이 있기 때문이 아닐까. 모르고 지나치고 있지만 사실 내가 간절히 원하는 것은 바로 그런 '잉여의 시간'이라는 것을 내 본능은 텔레비전을 볼 때마다 알려 주고 있다. 마치 고등학교 때 교실 뒷줄에 앉는, 좀 노는 친구들이 밤새 클럽에서 놀다 와서 점심 시간에 간밤의 무용담을 너스레를 떨며 늘어놓으면 귀를 쫑긋하고 듣던 모범생같이 말이다.

요새 '잉여'라는 말은 일을 하고 싶어도 할 일이 없어서 그냥 시간을 보낼 수밖에 없는 젊은이들이 자조적으로 자신들을 일컬을 때 사용하는 말이다. 그러나 나는 의무적으로 뭔가를 하지 않아도 되는, 그런 잉여의 시간과 태도가 매우 중요하다고 생각한다. 아무 제약 조건 없이 이루어지는 잉여의 사고는 틀에서 벗어난 발상을 하게 한다. 한가로이 전혀 다른 생각을 하고 의미나 목적의식, 효율성은 제쳐 두고 유람하듯이 시간을 보낼 때 새로운 창조와 혁신의 아이디어가 떠오르기 때문이다. 그런 면에서 '잉여'라는 말은 다시 평가해야 할 필요가 있는지도 모른다.

때로는 쓸데없는 짓을 하라

1997년 스탠퍼드 대학의 박사 과정이었던 래리 페이지는 친구 세르게이 브린과 엉뚱한 상상을 했다. 세상의 모든 정보를 서버에 모아서 검색할 수 있게 하겠다는 원대한 포부를 가졌던 것이다.

모두가 말도 안 되는 일이라고 말렸다. 그러나 그들은 검색엔진을 만들었고, 수익이 되지 않는데도 서버를 늘려 나가서 결국 최고의 검색 사이트를 만들어 냈다. 바로 '구글'이었다. 사실 이 구글이라는 이름은 10의 100승을 뜻하는 '구골'을 잘못 쓴 것이라고 하는데, 그만큼 그들이 가진 꿈이 거대했다는 것을 떠올리게 하는 잉여스러운 시도였다.

그들이 더 좋은 학점을 위해, 더 좋은 직장에 취직하기 위해 학업에만 몰두하고 있었다면 엉뚱한 상상을 실현할 수 없었을 것이다. 하지만 그냥 재미있을 것 같은 아이디어가 떠오르니 한 번 저질러 본 것이다. 처음부터 그것으로 돈을 벌거나 성공하겠다는 목적의식을 가졌던 것은 아니었을 것이다. 하다 보니 투자를 받게 되고, 소문이 나고 정확도와 검색 능력에서 타의 추종을 불허하다는 것이 알려지면서 지금의 구글이 된 것이다. 나는 이들의 성공이 사실은 바로 자신의 삶에서 '잉여적인 일', '쓸데없어 보이는 일', 그러나 재미있는 일을 할 시간을 가졌기 때문이라고 생각한다.

생각해 보면 이 세상에 쓸데없는 짓은 없는 것 같다. 지금 당장은 그래 보일지 모르지만 말이다. 그러니 지나치게 의미를 찾으려 하고, 효율성을 따지고, 주어진 문제에서 100점을 받으려고만 할 필요는 없다. 마음이 동할 때 빈둥거리고, 의미 없는 짓을 하고, 시간을 낭비해 보자. 빡빡하게 짠 시간표와 공정표대로 사는 인생은 참으로 재미없다. 목적지는 처음부터 정해 놓고 가기보다는, 기차를 타고 가다 "아, 여기다." 싶은 역이 있을 때 그냥 내려 정할 수도 있다. 인생의 종착지를 처음부터 정할 수 없고, 정한 대로 인생이 흘러 가지도 않는다. '지금, 여기'의 감각과 마음에 따라 끌리는 대로 살아 보는 것도 나쁘지 않다. 조금 늦게 도착할지 모르지만 가는 길에 마음에 담은 것들이 나중에 언젠가 한몫할 것이기 때문이다.

예능 프로그램이 보여 주는 쓸데없는 짓의 반복은 우리가 살면서 가져야 할 삶의 중요한 태도를 알려 준다. 쓸데없는 게 분명하지만 재미있는 것에 낭비적으로 몰두해 보는 것이 보이지 않는 마음의 곳간을 채워 주는 힘이 된다. 또 '잉여의 태도'를 취하다 보면, 불안, 걱정 등 정말로 쓸데없는 것들로 차 있던 내 마음이 반대로 비워지고, 넉넉한 여유 공간이 생길 것이다. 그래서 바쁘게 살고 모범적으로 살고 있다고 자부하는 사람일수록 더욱더 '잉여의 시간'과 용기가 필요하다. 많은 경우 잉여의 시간은 독이 아니라, 삶의 힘이 된다.

태엽은 한쪽으로만 줄곧 돌리면 망가진다. 마음의 태엽을 정상화하는 것은 더 조이는 것이 아니라, 여유를 두고 풀어 주는 것이다.

11 어린아이로 되돌아가는 시간을 두려워 말라

걱정 없이 어린아이처럼 뛰노는 즐거움

「무한도전」의 멤버들이 초등학생 분장을 하고 시골의 한 학교 앞에 서 있다. 멤버들은 각각 바보 형, 반장, 새침데기 서울 전학생 등의 캐릭터를 맡아 연기하며 한바탕 떠들다가 말뚝박기, 얼음 땡 같은 추억의 게임을 한다. 이기면 신이 나서 마구 뛰어다니며 소리를 지르고, 지고 나면 억울하다고 누워서 데굴데굴 구른다. 게임에서 이겨 상으로 아이스크림 하나를 받자 한 입만 먹자며 다른 멤버들이 달려들고, 이긴 사람은 그걸 들고 뛰면서 먹는다. 행여 누가 자기 아이스크림에 손을 댈까 봐 미리 침을 뱉고 입에 넣다 빼는 사람도 있고, 그 아이스크림을 기어이 빼앗아 한 입을 베어 먹는 사람도 있다.

더럽기 짝이 없는 그 모습에 눈살이 찌푸려지면서도 웃음이 나는데, 잊고 있던, 어디서 많이 본, 아니면 해 본 광경이다. 하지만 어렸을 때나 했지 30대 중반 이상의 사람들에게 지금 하라고 하면 차마 할 수 없을 행동들이다. 그런데 이들은 한다. 천연덕스럽게. 그래서 우리는 본다.

많은 예능 프로그램들이 이런 '아이스러움'을 웃음 코드로 삼는다. 「남자의 자격」은 30~40대 중년 남자들이 모여서 '죽기 전에 해야 할 101가지'라는 콘셉트로 새로운 것을 배우고, 안 가 본 곳을 가 본다. 멤버들은 끊임없이 투닥거리며 이기주의를 부리고, 서로 막말을 했다가 곧 화해한다. 흡사 초등학생들을 보는 것 같다. 「무한도전」에서 멤버들이 초등학생 분장을 하는 것처럼 노골적이지는 않지만, 역시나 평소 그렇게 보이지 않던 인물들의 자연스럽고도 유치한 행동을 보는 것이 프로그램의 묘미다. 은지원은 「1박 2일」에서 아이스러운 모습을 캐릭터로 잡아 '은초딩'이라 불렸고, 하하는 「무한도전」에서는 '꼬마' 캐릭터, 「런닝맨」에서는 뽀로로에서 이름을 따온 '하로로' 캐릭터를 만들었다.

이런 코드가 채널을 점령하는 이유는 그 아이스러움이 우리도 하고 싶지만 차마 못 하는 어떤 것이기 때문이다. 사는 건 힘들고, 현실의 삶은 퍽퍽하다. 지쳐 간다는 느낌이 점점 강하게 든다. 늘 기대보다 더 높은 성취를 해야만 경쟁에서 살아남는다. 성공이 아니라, 그저 탈락하지 않기만 바랄 뿐이지만 매년 몇 퍼센트 이상의 실적을 더 올리기를 요구받는다. 조직에서는 언제든 우리 자리를 누군가 대체할 수 있다고 생각한다. 그러니 언제나 마음의 고삐를 단단히 쥐고 있어야 한다. 도저히 긴장을 풀 틈이 없다. 아무 걱정 없이 뛰놀던 어린 시절이 그리울 수밖에 없다.

위급할수록 호흡을 고르고 일단 멈추라

최근에 한 대학생이 어머니와 상담을 하러 왔다. 시험을 앞두고 너무 불안해서 견디기 어렵다는 것이었다. 평소에 지나치게 불안해하고, 시험을 못 볼까 봐 겁이 나서 어머니에게 전화해서 울먹이기도 하고 잠을 설친다고 호소했다. 이 학생은 세칭 최고 명문 대학의 신입생이었고, 전공 학과도 입학 경쟁률이 꽤 높은 학과였다. 학생은 특수 목적 고등학교를 나와 대학에 입학했는데, 대학에 들어가면 한숨 돌릴 줄 알았더니 수업은 영어로 진행하고, 고등학교 때보다 한 수 높은 동기들이 주변에 포진해 있는 것을 발견했다. 다행히 학점이 4.0점을 넘길 정도로 1학기는 잘해 냈지만 매번 시험을 볼 때마다 "지금까지 살아남은 것은 운일 뿐"이라는 불안과 긴장을 떨쳐 버릴 수 없었다. 언제나 전진, 또 전진만 있던 학생이었다. 쉬는 것이 무엇인지 잘 모르고, 지쳤는데도 멈추면 넘어질까 봐 자전거 안장에서 내려서지 못하는 사람 같았다.

이 친구에게 내가 던진 해법은 "놀아라."였다. 슬롯머신 게임 중에 기계와 게임을 해서 이기고 나면 지금껏 딴 돈을 걸고 한 판 더 할지, 아니면 여기서 멈출지 선택하게 하는 것이 있다. 이때 운이 좋으면 돈을 두세 배로 따면서 승승장구할 수 있지만, 한 번이라도 지면 그동안 딴 돈을 모두 잃게 된다. 학생의 마음이 그랬던 것이다. 딱한 번만 엇나가도 와장창 무너져 버릴 것이라는 원초적 불안감이 엄습해 있었던 것이다. 그때까지 아직 무너지지는 않았다는 것이 다행이라면 다행이었다.

연속 안타 행진을 하던 프로야구 선수가 스무 게임 만에 무안타로 게임을 끝내고 난 다음 한 첫마디는 "속 시원합니다. 이제야 편안히 게임에 나갈 수 있게 되었어요."였다. 오직 앞으로 나아가기만 한다는 것은 심한 중압감을 준다. 이럴 때 필요한 것은 멈출 줄 아는 것이다.

일반 자전거는 발을 멈추면 넘어진다. 그러나 MTB 산악자전거를 타는 기술 중에는 자전거를 앞뒤로 잘 조절해서 한자리에 서 있게 하는 '스탠딩'이라는 기술이 있다. 그것이 가능해야 산에 올라가 험한 지형에서 위아래를 오르내릴 때 넘어지지 않고 탈 수 있다. 힘이 들고 무섭고 겁이 나고, 뒤에서는 누가 쫓아오는 것 같아서 뒤처지면 큰일 날 것 같을 때 해야 할 첫 번째 일은 '일단 멈춤'이다. 자전거가 설 수 있듯이 우리도 서 있을 수 있다. 숨을 고르고 다음 단계로 나아갈 준비를 해야 한다.

이때 힘이 부치고, 에너지가 고갈된 것 같으면 인간의 본능은 그다음 단계로 넘어간다. 바로 '퇴행'이다. 흔히들 퇴행은 좋지 않은 것으로 생각하기 쉽다. 하지만 퇴행에는 다 이유가 있고, 결과적으로 좋지 않았을 경우에 부정적 퇴행이 된다. 예비군 훈련을 마친 남자들이 군대 시절을 떠올리며 술에 취해 소란을 피우다가 싸움을 한다든지, 고교 동창 모임에서 20년 만에 만난 친구들끼리 어릴 때 별명을 부르면서 그 당시로 돌아가 즐거운 마음이 되었는데 자칫 잊고 있던 과거의 감정이 되살아나 마음 상할 일이 생기는 경우가 부정적 퇴행일 것이다. 그러나 같은 메커니즘이지만 결과가 좋은 긍정적 퇴행도 있다. 힘든 과제를 하다가 잠시 머리를 쉬기 위해 만화책을 펼쳐 보거나 단순한 게임을 하는 것도 뇌의 관점에서 보면 퇴행이라 할 수 있는데, 이때는 긍정적 결과를 가져온다.

살아 나가는 것, 소위 '나잇값'을 하는 것은 에너지가 꽤 드는 일이다. 퇴행은 그런 데 사용할 에너지를 절약하고 충전할 기회를 준다. 하물며 부정적 결과를 초래했다 해도 내 뇌와 정신의 관점에서 보면 충전의 시간을 가진 것이기에 내일과 모레를 바라본다면 두려워할 필요가 없다.

도리어 퇴행을 해야 할 시점에 외부의 시선이 두려워서, 한 번 잘못 퇴행을 했다가는 완전히 자기 조절 능력을 잃고 폭주해 버릴까 봐 무서워서 하지 못하는 사람에게 더 큰 문제가 생긴다. 몸과 마음이 본능적으로 퇴행이라도 해야 한다고 경고등을 켰는데 애써 부정하다가는 어느 순간 확 폭발해 버리거나, 기름이 바닥나 길거리에 퍼져 버린 자동차같이 몸에 병이 생길 수 있기 때문이다.

퇴행, 에너지와 자존감을 재충전하는 장치

퇴행은 힘들고 지칠 때 잠시 쪼그려 앉는 것과 같다. 인간의 정신과 신체의 발달은 원래 정주행이다. 앞으로 나아가도록 설계되어 있다. 인간의 발달 과정에는 매번 새로운 과제가 주어진다. 누워 있다가 앉고 나면 일어서야 하고, 일어서고 나면 걸어야 한다. 대변을 가리고 나면 소변을 가려야 하고, 그다음에는 밤에도 기저귀를 차지 않고 자야 한다. 잘해 내면 칭찬을 받고 잘해 내지 못하면 혼이 난다. 처음에는 칭찬받기 위해, 혼이 나지 않기 위해 열심히 하지만 나중에는 '내적 동기부여'에 의해서 움직이고 자신이 하고 싶어서 열심히 한다.

그렇지만 인생은 매번 다음 단계로 진행만 할 수 있는 것이 아니다. 벽에 여러 번 부딪혀 보면서 넘어설 방법을 찾지만 실패한다. 그러면 점차 힘이 빠지고 에너지가 고갈되는 것을 느낄 때가 있다. 이때 에너지를 재충전하기 위해 제일 필요한 것은 '자신감'이다.

실패가 반복되면, 자신이 무능하고 아무것도 해낼 수 없을 것 같은 열패감과 열등감이 마음의 중앙에 자리 잡아 버린다. 사실 몇 가지 사소한 일이 안 풀리는 것뿐인데, 어느새 그것이 내 마음 중심에 자리 잡고는 "나는 무능하다."라는 존재론적 문제로까지 확산되고 어느새 확신으로 발전하는 수가 있다. 한 번 확립된 믿음은 쉽사리 풀기가 어렵다. 그래서 여기까지 가기 전에 이것을 막을 장치가 필요하다. 왜냐하면 지금 내가 도전하는 과제가 단지 현재 내 힘이 부치거나, 주변의 도움이 필요한 일이거나, 시간이 지나야 해결될 문제일 때도 많기 때문이다. 이럴 때에는 차라리 에너지와 자존감을 재충전하는 것이 더 현명한 선택이다.

그런데 지금 여기 가만히 머물러 있으면 눈앞에 보이는 것이라곤 마무리 짓지 못한 과제뿐이기 때문에 마음 편히 쉬고 있을 수 없다. 실패한 나, 힘에 부친 나만 보일 뿐이다. 이럴 때에는 과감히 현재에서 뒤로 물러나야 한다. 이미 한 번 해결한 과제를 풀었던 지점으로 후퇴한다. 거기에는 익숙하고 잘해 낼 수 있는 것들이 기다리고 있다. 거기서부터 다시 시작한다. 그게 퇴행이라는 시스템이다. 우리의 생존을 위해 만들어진 영리한 작동 방법 중 하나다.

대소변을 잘 가리던 아이가 동생을 보고 나자 다시 밤중에 이불에 지도를 그리기 시작하는 것이 그런 퇴행의 대표적 예다. 부모의 관심과 사랑을 독차지하던 아이가 동생이 집에 온 후 부모의 사랑을 나눠야 하는 현실에 맞닥뜨렸다. 어떨 때에는 찬밥이 된 듯한 방임의 경험을 한다. 이를 받아들이기 어려운 아이는 다시 과거로 돌아가 버린다. 지금 내가 처한 현실에서 풀어야 할, 에너지를 방출할 일에서 뒷걸음쳐 전 단계로 돌아간다. 그 상태에서 느슨하게 지내면서 에너지를 충전해서 다시 시작하는 것이다.

이와 같은 일이 우리 삶에서도 벌어진다. 40대 아저씨들이 동문회에 가면 갑자기 유치해지고, 10대 시절에 사용하던 별명을 부르며 서로 짓궂게 놀리고, 편안하게 서로 욕을 해 댄다. 술을 한잔 마시고 나면 바보 같은 내기를 하고, 엉뚱한 상상을 하고 나서 그것을 확인하기 위해 집요하게 전화를 한다. 회사 생활을 잘하는 사회성 충만한 아저씨들이 예비군 군복만 입으면 지나가는 아가씨를 보고 휘파람을 불고 건들거리면서 다니는 것을 주저하지 않는 것도 모두 퇴행이다.

이런 바보 같은 짓을 하는 이유는 그냥 그러고 싶어서 그러는 것이 아니라 바로 지금 여기서 살아가는 게 힘들기 때문이다. 에너지가 딱 그날 쓸 만큼만 있기 때문에 기회가 있을 때 퇴행을 해서 쉬어야 에너지를 충전하고, 잘해 내고 있다는 것을 확인하면서 자신감도 다시 채워 넣을 수 있다는 것을 무의식적으로 체득하고 반응하는 것이다. 수많은 예능 프로그램이 밤 11시나 주말 저녁 시간에 편성되어 있는 것도 사실은 그 시간에 많은 사람들이 퇴행과 충전의 욕구를 가장 절실하게 느끼기 때문이 아닐까.

직접 친구를 만나 유치한 놀이를 하며 즐기는 것으로 퇴행을 할 여유가 없는 이들을 위해 텔레비전은 예능 프로그램에서 우리보다 훨씬 강력하게 퇴행하는 방송인들을 보여 준다. 우리는 간접적으로나마 잠시 마음의 퇴행을 하며 충전의 시간을 갖는다.

퇴행을 두려워 말라

우리 자아는 일종의 배터리 같다. 각자 보유한 충전량은 다르지만 일상생활을 하면서, 대인관계의 갈등을 경험하면서, 또 좌절과 실패를 경험하며 자아 에너지는 조금씩 닳는다. 조금씩 소모된다. 이때 필요한 것이 퇴행이다. 일단 침잠하고 익숙한 곳으로 돌아가 쉬면서 운기조식을 하는 것이다. 그러면 안정이 되고, 나의 감정을 신뢰할 수 있게 되고, 조금씩 숨을 고르면서 힘을 얻고, 자아 배터리의 눈금이 차올라 다시 내일을 시작할 힘을 얻을 수 있다.

우리는 완벽하지 않다. 언제나 100퍼센트 충전된 채 지낼 수 없다. 절대 소진되지 않는 아이언맨의 양자 원자력 발전기를 가슴에 달고 살지 않는다. 많이 쓰면 닳고, 그냥 가만히 뒤도 알아서 조금씩 줄어드는 그런 평범한 자아 에너지원을 갖고 있다.

완벽하지 않은 나를 불편해하지 않아야 편안히 퇴행할 줄 알게 된다. 퇴행이 두려운 사람은 문제를 더 키운다. 그들은 퇴행을 했다가는 자신이 완전히 부셔져 버릴지 모른다는 두려움 때문에 시도를 하지 못한다. 한 번 뒤로 밀리면 영원히 밀려 버려 산산이 부셔져 버리고, 남들이 나를 우습게 여기고, 다시 제자리로 돌아오지 못할지도 모른다는 불안을 느낀다.

하지만 충분히 퇴행을 하고 나면 곧 제자리로 돌아올 수 있다. 한 번 퇴행하면 완전히 망가져 버릴까 봐 두려워할 필요가 없다. 나의 불안전함을 인정하고 휴식과 퇴행의 필요성을 받아들여야 자존감이 다시 차오르고 도리어 힘이 날 수 있다. 멈춘 채 쉬는 것만으로는 모자랄 때가 있다. 적극적인 충전은 퇴행을 통해 얻을 수 있다. 퇴행의 요구를 애써 부정하고 버티면 서서히 자아 에너지는 방전되어 버리고 어느새 아무리 쉬어도 에너지를 채우지 못하는 상태에 머물게 된다. 매 순간 에너지를 겨우 쥐어짜 내야 하는 예민하고, 불만족스럽고, 위태로운 상태로 하루를 살게 된다. 아무리 쥐어짜도 물 한 방울도 더 나오지 않는 마른 손수건 같은 상태가 되어 버린 나를 발견하게 될 것이다.

퇴행을 한다고 해서 내가 영원히 거기에 머무르는 것이 아니다. 예능인들이 프로그램에서나 그런 유치한 모습을 보이고 다른 곳에서는 보다 성숙한 개인으로 살아가듯이 말이다. 어찌 보면 성인이란 일시적 퇴행과 불안정한 상태를 견디는 능력을 발달시키고, 순간순간 무너지되 산산이 부서지지 않는 요령을 체득한 사람이 아닐까 한다. 퇴행과 휴식을 낭비로 여기거나 퇴행한 현재를 부끄러워하지 않고 그것까지도 나의 일부로 받아들이고 타인에게 보여 줄 수 있는 사람이 성숙한 성인이다. 그렇게 자아 에너지를 채우고 하루를 꾸려 가야 우린 삶의 원동력을 유지할 수 있다.

12 몸이 잘 준비되어야 마음도 강해진다

몸을 쓰는 것을 보는 것은 즐겁다

일요일 오전마다 연예인들이 장애물을 타고 넘으며 빠른 시간 안에 통과하는 경기를 한다. 「출발 드림팀」이다. 1999년에 처음 시작한 프로그램으로 몇 년간 큰 인기를 불러 모으다가 폐지되었는데, 1시즌 사회자이자 터줏대감인 개그맨 이창명이 다시 사회자를 맡으며 최근 2시즌으로 부활했다. 연예인들이 거의 운동선수 급의 실력을 보여 주며, 실제로 운동선수들과 겨루기도 한다.

이 프로그램을 통해 유명해진 연예인도 꽤 많다. 1시즌에서는 당시 신인이었던 가수 조성모가 놀라운 점프 실력으로 인기를 얻었고, 최근에는 리키 김 등이 고정 출연하면서 나름대로 인지도를 높이고 있다. 일요일 점심때에는 항상 송해의 「전국 노래자랑」이 있듯이, "승리를 위해 최선을 다하고 결과에 승복할 줄 아는 사회를 만들기 위해! 출발! 드림팀!"이란 구호로 시작하는 이 프로그램도 이제 너무나 익숙하다.

이렇게 운동 경기로 이루어진 예능 프로그램은 또 있다. 명절 연휴마다 아이돌들이 운동장에 모여 「아이돌 스타 육상 선수권 대회」를 한다. 100여 명의 아이돌이 모여서 마치 전국체전이나 올림픽처럼 달리기, 높이뛰기 같은 운동 경기로 실력을 겨루는데, 첫 방송 때 선풍적 반응을 얻어 매년 새로운 종목을 추가해 가며 열리고 있다.

운동 경기는 아니지만, 예능 버라이어티쇼에서 몸을 움직여 겨루는 또 하나의 형식은 추격전이다. 「무한도전」은 '돈 가방을 들고 튀어라', '꼬리잡기', '미드나잇 서바이벌' 등 여러 가지 형태로 변형한 추격전을 자주 해 왔다. 「런닝맨」은 아예 추격전과 서스펜스를 기본 포맷으로 하며 큰 인기를 모으고 있다.

텔레비전을 통해 누군가 열심히 뛰고 달리는 것을 보는 것은 즐겁다. 스포츠 경기 관람도 즐겁지만, 사람들은 아마추어인 연예인들의 경기도 스포츠 경기를 보는 것만큼이나 즐긴다. 꼭 운동 경기를 하는 것이 아니더라도 역동적으로 몸을 쓰는 예능 버라이어티쇼는 말만 오가는 토크쇼보다 집중도가 높다. 몸을 쓰는 활동을 볼 때 느끼는 상쾌함과 카타르시스가 있기 때문이다.

민첩하게 몸을 잘 쓰는 이에게 집중하며 감탄하는 것은 이것이 단순히 체력만의 문제가 아니기 때문이다. 우리 모두 몸짱이 되고, 식스팩을 만들 필요는 없다. 하지만 정신적 힘은 몸의 건강함과도 직접 연관이 있고, 정신적 스트레스는 의지와 정신력보다 몸을 움직이는 것으로 훨씬 쉽게 해결되는 경우가 있다. 스트레스는 몸과 마음에 동시에 영향을 주고, 몸과 마음은 상호작용을 하면서 스트레스를 이겨 낸다.

몸을 단련하면 자아의 에너지 탱크가 커진다

스트레스 요인이 앞에 나타나면 우리는 '싸울지 도망갈지'를 결정하고 반응한다. 이때 뇌는 두 가지 방식으로 반응을 하는데 빠른 길과 느린 길이 있다. 빠른 길에서는 내 앞의 상황이 위험한 것인지 아닌지만 구별한다. 위험한 상황이라면 혈압을 올리고, 근육을 긴장시키고, 심박 수를 높이는 등 자율신경계의 교감신경계를 항진시키는 작용을 해서 몸과 마음을 준비시킨다. 그다음 시차를 두고 느린 길에서는 지금 나를 긴장시킨 자극의 정체에 대해 분석한다.

우리 뇌가 이렇게 두 가지 길을 둔 이유는 정확한 원인을 분석하는 데 시간을 쏟다 보면 도망가거나 싸우는 적절한 반응을 할 최적의 타이밍을 놓칠 수 있기 때문이다. 두 길의 차이는 몸이 건강한 사람에게서 더 잘 드러난다. 외부 자극이 있을 때 빠른 길에서 빠르게 파악한 후 느린 길에서 시간을 들여 정확히 분석한다. 반면 정신적, 육체적으로 지친 상태에서는 실수를 하거나, 빠르고 정확하게 반응하지 못하거나, 충동을 억제하지 못하는 일이 일어날 수 있다.

나는 우리 마음에는 하루에 쓸 수 있는 에너지 정량이 있다고 생각한다. 하루 종일 이성적으로 행동하기 위해 온통 신경을 쓰고 있거나, 바쁘게 여기저기 돌아다니고 난 다음에 몸과 마음은 지친 상태가 된다. 이때에는 짜증이 늘고, 유혹에 쉽게 넘어가는 일이 발생한다. 쇼핑몰에 들어가서 비싼 물건을 장바구니에 넣으며 "난 오늘 고생했으니까 이 정도는 사도 돼. 내게 선물을 해야 해."라며 구매 버튼을 클릭해 버리고, 클라이언트가 보낸 이메일에 감정적인 답장을 쓰는 일이 벌어진다. 하지만 시간이 조금만 지나면 곧 자책하고 후회한다. 내가 잠시 미쳤다고, 내가 그릇이 작아서, 사람이 모자라서 그랬다고 자책한다. 하지만 최근 실험을 보면 이는 우리 도량과는 전혀 상관없는 일이다.

미국 스탠퍼드 대학의 쉬브와 인디애나 대학의 페도리킨은 한 집단에는 간단한 두 자리 숫자를 제시하고, 다른 집단에는 일곱 자리의 복잡한 숫자를 보여 줬다. 그 후에 피시험자들이 복도 끝에 있는 검사자에게 가서 숫자를 정확히 외우는지 확인받고 나면 숫자가 맞는 경우 다른 방에 들어가 카트에서 아무 음식이나 집어 먹어도 된다고 했다. 그러자 단순한 수를 보여 준 집단은 신선한 과일 샐러드를, 복잡한 수를 외워서 가야 했던 집단은 초콜릿 케이크를 선택하는 경우가 더 많았다. 뇌에 부하를 주는 스트레스를 준 것이 에너지를 고갈시켜서 본능적인 욕구에 저항할 힘을 남겨 놓지 않아 평소 같으면 참았을 유혹에 넘어갈 가능성이 더 커졌다는 것이다.

누군가를 공격하고 싶은 욕망, 뭔가를 갖고 싶은 욕망 등을 참는 데 보통은 익숙해져 있지만 내 안의 심리적 에너지 자원이 고갈되고 나면 이성적으로 생각할 겨를이 없어서 즉각적인 반응을 하고, 또 이후에 느린 길의 반응을 통해 그 결심을 합리화까지 해 버린다. 이를 '자아 고갈'이라고 한다.

앞선 실험과 유사한 다른 실험에서는 에너지가 충분하지 않은 경우 판단력이 흐려질 수 있다는 것을 밝히기도 했다. 회사에서 면접을 진행하기 전에 면접관들에게 음료수를 제공했는데, 한 집단은 오렌지 주스를, 다른 집단은 생수를 마시게 했다. 그러고 나서 면접을 진행하게 했는데, 오렌지 주스를 마신 집단에 비해, 생수만 마시면서 오랜 시간 면접을 진행한 집단은 인종, 나이, 성에 따라 피면접자에 대한 호불호가 두드러졌고, 통과와 탈락을 결정하는 시간이 더 짧았다. 즉 1450그램에 불과한 뇌에서는 우리 몸에서 필요한 포도당의 20퍼센트를 소모하는데, 공복과 피곤함이 생기고 나서 당분이 적절히 제공된 집단에 비해, 에너지가 고갈이 되어 버린 집단에서는 직관적으로만 보려고 하면서, 여러 시각에서 유연하게 보고 판단하는 능력이 떨어졌다는 것이다.

그렇기 때문에 우리는 평소 자아의 에너지 탱크를 넉넉히 만들어 놓을 필요가 있다. 힘든 일들이 쏟아져 들어와서 에너지를 소모할 일이 있더라도 바닥이 드러날 일이 없도록 말이다. 이때 운동으로 몸의 자기 조절 능력을 높이면, 이 에너지 탱크를 튼튼하게 만들고 여유 공간을 넉넉하게 넓히는 데 상당한 효과가 있다. 스트레스를 받아 압박감이 들고 고민이 많아졌을 때, 생각을 억제하거나 다른 관점으로 생각을 바꾸려고 노력하는 데에는 많은 노력이 필요하고 에너지가 많이 소모된다. 이럴 때에는 차라리 몸을 움직여 보자. 가만히 앉아 있으면서 고민을 더 하기보다는 가벼운 운동을 하거나, 나가서 바람을 쐬거나, 책상 정리라도 하는 것이 좋다. 일단 개미굴과 같은 생각의 악순환에서 벗어나 한숨 돌리면 에너지 소모를 줄일 수 있다. 이를 '주의의 분산'이라고 한다.

몸을 잠시 움직이는 것만으로도 단기적으로 상당히 효과적이지만 장기적으로는 체력을 강화시키는 노력이 중요하다. 물꼬를 다른 곳으로 돌리는 것만으로도 물이 넘치는 것을 막을 수 있지만, 길게 보면 물탱크를 보수해서 물 수용량을 늘리는 것이 보다 근본적인 해결책이 된다.

인간의 정신 에너지는 객관적으로 측정해서 수치로 표시할 수는 없지만 사람마다 각자 정량이 있다. 그리고 체력이 떨어지면 정신 에너지가 제대로 작동하기 힘들다. 정신의 힘을 기르는 것도 필요하지만, 방법론적으로 신체 훈련을 통해 체력을 증진하는 것도 상대적으로 쉽고 빠르며 효과적인 대안이다. 체력이 좋아진다고 모두 정신이 강화되는 것은 아니지만, 스트레스를 견뎌 내는 정신적 한계치의 둑이 높아지고 방어력도 강해지는 것이 분명하기 때문이다.

쫓고 쫓기는 추격전의 원초적 스트레스

예능 버라이어티쇼에서 자주 등장하는 형식 중 하나가 '추격전'이다. 출연자들이 쉬지 않고 쫓고 쫓기는 놀이를 한다. 누군가 잡히거나 결국 빠져나가는, 결과가 뻔한 게임을 같은 출연자들이 반복하는데도 매번 손에 땀을 쥐면서 텔레비전에서 눈을 떼지 못하는 이유는 무엇일까? 우리가 쫓고 쫓기는 것에 열광하는 것은 원초적 본능을 자극하는 무엇이 있기 때문이라고 생각한다.

인간의 가장 원초적 불안은 '죽는 것'이다. 더 정확히 말하면 자연사가 아니라 포식자에게 잡아먹히는 것이다. 잡아먹힐 것 같은 불안은 몸에서 원초적 반응으로 나타난다. 쫓기는 자의 공포와 불안은 생명이 붙어 있는 한 사라지지 않는다. 아니, 사라져서는 안 된다. 불안이 존재하는 것은 예방할 준비를 하기 위한 것이기 때문이다.

이때 필요한 게 놀이다. 쫓긴다는 것에 대한 근본적 불안을 놀이를 통해 경험하면서 그게 사실은 그렇게 무섭지 않다는 것, 쫓기다가 잡힌다 해도 돌이킬 수 없는 파멸에 빠지는 것은 아니라는 것을 확인한다. 하지만 이것은 워낙 강렬한 원초적 불안이기 때문에 한 번 확인으로는 부족하다. 그래서 반복, 또 반복한다. 프로이트나 위니콧 같은 정신분석가들은 놀이의 발달적 의미를 '숙달을 통한 반복 강박'이라고 했다. 어린 시절 '술래잡기'가 왜 그렇게 스릴이 넘치고 재미있었는지, 왜 매일 해도 질리지 않았는지에 대한 해답이다.

우리가 직접 술래잡기를 하지 않고도 쫓고 쫓기는 스릴을 즐길 수 있는 방법은 영화나 예능 프로그램을 통해서일 것이다. 일종의 가상현실 또는 놀이로서, 쫓기고 잡히더라도 끝이 아니라는 것, 그것이 완전한 아웃이 아니라는 것을 확인하며 불안은 줄어들고,

그렇기에 즐길 수 있게 된다.

현실에서 포식자 위치에 있는 사람은 극소수뿐이고, 대부분 쫓기는 자의 위치에서 살아간다. 사실 현재 포식자 위치에 있는 것 같아 보여도 그 역시 언제든 다시 쫓길 수 있는 먹이사슬 안에 있다. 절대 강자는 없다. 누구나 자신이 사라질지 모른다는 불안으로부터 자유롭지 못하다. 이런 불안과 긴장을 줄이기 위해 우리는 때로 예능 프로그램의 추격전을 보며 웃고 즐기는지도 모른다.

「무한도전」이나 「런닝맨」, 「1박 2일」 등에서 추격전을 맘 편히 즐길 수 있는 이유는 한 번 이겼다고 영원한 승자는 아니라는 것을 출연자나 시청자 모두 알기 때문이다. 「런닝맨」에는 먹이사슬 맨 위에 있는 '능력자' 김종국이 있고, 먹이사슬의 말단 같은 지석진, 이광수가 있지만, 늘 김종국만 이기는 것은 아니다. 물고 물리는 복잡한 관계가 형성되어 있기에 승자는 언제든 바뀔 수 있다.

현실에서 우리는 쫓기는 상황에 놓일 때가 더 많지만, 반대로 누군가를 쫓는 입장에서 추격전을 보는 것 역시 재미있다. 원시적 쾌감이다. 포식자로서 느낄 수 있는 아주 근본적이고 원초적인 공격성을 적극적으로 표출한 형태다. 오랜 시간 먹이를 쫓다가 막판에 힘을 쏟아 달려가 먹이의 목덜미를 확 낚아채 숨을 끊은 후, 헐떡거리면서 마지막 숨을 쉬며 죽어 가는 먹잇감을 보는 포식자의 쾌감이다. 그리고 이제 굶어 죽지 않고 삶을 더 이어 갈 수 있다는 안도감이 바로 따라온다. 쫓는 것이 즐거운 것은 나의 포식 능력이 제대로 작동하고 있다는 것을 확인하여 근본적인 자기 확신감을 확인할 수 있기 때문이다.

삶에서 쫓는 자와 쫓기는 자의 역할은 언제든 변할 수 있다. 꼬리잡기처럼 먹고 먹히는 관계가 끝없이 이어진다. 그래서 두 가지 불안이 같이 존재한다. 잡아먹힐지 모른다는 약자의 불안과, 제대로 먹이를 잡지 못해 굶어 죽을지 모른다는 불안. 우리 삶에서 떼어 낼 수 없는, 생존에 대한 지독한 불안이다.

괴로운 상황에 몰입할 때 위험 신호가 켜지고 스트레스를 받으며 불안에 압도당하기 쉽다. 이것을 견딜 수 있게 하는 것은 우리가 살면서 쫓는 자와 쫓기는 자의 역할이 언제든 뒤바뀔 수 있다는 것을 아는, 안전에 대한 확신과 낙관적 태도다. 그리고 이것은 불안이라는 삶의 원초적 스트레스를 잘 이겨 낼 때 가질 수 있는 태도다.

준비된 몸은 뇌에도 좋다

만화가 허영만은 12회전을 뛰는 복서의 마음으로 매일 규칙적으로 체력 안배를 하면서 작업을 한다고 한다. 집중력이 높은 12시 이전에 하루 작업을 최대한 마감하고 이후에는 운동을 하거나 취재를 하고, 영화를 보며 스트레스를 풀고 재충전한다. 일본의 소설가 무라카미 하루키는 소문난 마라톤 마니아다. 그는 달리기를 통해 생각을 정돈하고 체력을 키운다. 그는 '몇 번을 읽어도 새롭게 느껴지는 글'을 만들기 위해서는 육체가 원활해야 한다고 믿는다. 가장 정신적 스트레스를 많이 받는 일 중 하나인 정신노동 역시 몸의 리듬과 체력이 뒷받침되어야 한다.

꾸준한 운동은 심폐 기능이나 근력뿐 아니라 뇌의 건강에도 많은 도움이 된다. 실험용 쥐에게 바퀴 돌리기 운동을 시킨 경우 기억력을 관장하는 해마에 새로운 뉴런이 생산되고 유지되는 정도가 3~4배 증가하는 것이 관찰되었다는 보고가 있다. 또 뇌에 부정적 자극이 주어졌을 때 운동을 많이 한 집단에서 이에 대한 방어력이 더 크고, 우울증에 대한 저항력도 더 크다고 한다. 스트레스와 관련한 호르몬 분비와 피드백 시스템이 강화되고 뇌 혈류량이 늘어나는 것도 운동의 효과 중 하나다.

내 몸에 대한 분명한 조절 감각은 어떤 어려움이 와도 견딜 수 있게 해 주는 든든한 자산이다. 앞날이 불투명하고, 더 많이 가야 할 것 같아 다리가 부들부들 떨리고 위태로울 때 자꾸 가야 할 거리를 생각하면 힘만 빠지고 지친다. 그보다는 차라리 지금 걷는 한 발 한 발에 집중해야 한다. 그러면서 내 몸의 곳곳이 어떻게 기능하고 있는지 확인한다. 어차피 가야 할 목적지, 남은 곳을 생각하면 숨만 막힌다. 이때 갈 길을 고개를 쭉 빼고 보며 한숨을 쉬기보다 지금의 나에 집중을 하는 것이 좋다.

양궁 선수는 활을 쏘기 위해 사대에 섰을 때 자기 몸에 집중한다고 한다. 호흡, 팔과 다리의 위치, 몸통의 균형이 활과 잘 맞춰져 있고, 몸의 호흡이 평소 훈련하며 정중앙을 쐈을 때와 비슷한지 아닌지에 집중한다. 목표인 과녁에 집중하면 몸이 제대로 반응하지 않아 일관되게 쏘지 못한다고 한다. 신기한 일이다. 그래서 어떤 일을 하든 평소에 몸의 감각을 잘 인식하고, 가장 좋은 상태의 몸의 감각을 일정하게 유지하도록 애쓰는 것이 중요하다. 특히나 이것은 힘든 순간일 때 도움이 된다. 평소 정확히 반응하도록 준비된 몸이라면 몸의 속삭임에 그대로 의지해도 된다. 몸은 거짓말을 하지 않는다.

"들은 것은 곧 잊어버린다. 본 것은 기억된다. 해 본 것은 내 것이 된다." 내가 평소 하는 말이다. 해 본 것은 뇌가 아니라 몸 전체가 기억한다. 몸이 기억할 때 온전히 내 것이 되고, 몸 전체가 충분히 잘 조절되고 있다는 자신감은 자기 확신감으로 확장되어 힘든 환경이 주어질 때 진가를 발휘한다.

몸을 혹사시켜라. 몸과 뇌는 단련할수록 강해진다. 몸에 근육이 있듯이 뇌에도 근육이 있다. 몸을 단련하면 몸과 마음이 동시에 강해지고 튼튼해질 것이다. 마음이 복잡해도 의지력으로 극복하겠다는 이상적인 생각만 하면서 잡념의 공격에 시달리지 말라. 평생 수도승으로 지낸 큰스님들도 화두를 잡고 참선을 하면서 "어렵다. 어렵다." 하는 게 의지력으로 잡념을 극복하는 일이다. 하물며 평범한 우리들에게 이는 더욱 어려운 일이다. 머리가 복잡하면 몸을 움직이라. 몸이 보내는 신호가 전보다 더 잘 느껴질 것이고, 몸과 마음의 소통이 좋아지고 원활해질수록 나와 세상 사이의 소통도 좋아질 것이다.

몸과 마음은 서로 긴밀히 연결되어 있다. 몸은 마음의 기반이 된다. 몸에 대한 분명한 조절 능력과 충분한 에너지가 준비되어 있다면 자신감은 훨씬 자연스럽게 확보될 수 있다. 그래서 마음이 흔들릴 때는 몸을 움직이고 단련시키라고 하는 것이다. 몸이 잘 준비된 사람은 마음도 쉽사리 흔들리거나 무너지지 않는다.

삶을
감동으로
채우는 힘

13 진정성 있는 눈물이
마음의 문을 연다

눈물의 의미는 무엇인가

예능 프로그램이란 게 원래 웃자고 보는 것이다. 평일 11시에 하는 예능 프로그램을 늦은 밤까지 보며 배가 아프게 깔깔 웃고는 고단한 일상을 잊어버린다. 그런데 이상하게 요새 예능 프로그램에서는 눈물을 자주 보게 된다. 한참 재미있는 얘기를 하는 것 같았는데, 어떤 시점이 되면 꼭 한 사람이 눈물을 보인다. 말하는 당사자는 울지 않아도 리액션으로 반응하는 다른 출연자의 눈물이라도 카메라는 놓치지 않고 잡는다.

「라디오스타」의 MC 유세윤은 단짝 친구들인 장동민과 유상무가 출연했을 때 입담을 뽐내다가 그동안 지나온 이야기에 눈물을 흘렸다. 의외였다. 출연자도 다른 MC들도 놀랐다. 워낙 개그 재능이 뛰어나 뼛속까지 개그맨이라는 뜻으로 '뼈그맨'이라 불리고, UV라는 프로젝트 그룹으로도 인기를 얻었으며, 건방진 캐릭터로 어디서도 겁 없는 행보를 보인 그였는데, "항상 무엇이 될까가 고민이었는데 이제 무엇이 돼 버렸다. 힘들 때는 꿈을 따라 움직이면 행복했지만 이제는 그 꿈을 이뤄 버린 느낌이 들면서 우울증이 왔다."라며 게스트도 아닌데 갑자기 솔직한 고백을 하며 눈물을 흘렸다. 이 장면은 다음 날부터 한동안 포털 뉴스에서 화제가 되었고, 그는 '눈물의 아이콘'이 되며 건방진 캐릭터 뒤에 숨겨진 인간적인 면 덕분에 대중들의 응원과 지지를 더욱 받았다.

사실 눈물은 아침 토크쇼에서 더 흔하다. 얼굴은 익숙하지만 아주 유명하지는 않은 조연급 중견 연기자나 몇 년간 얼굴 보기 힘들던 배우가 오랜만에 모습을 드러내 감춰 두었던 생활고를 얘기하면서 눈물을 흘린다. 「강심장」, 「승승장구」, 「무릎팍도사」 등에서 스캔들을 겪었던 스타가 나와 그 일이 얼마나 속상했는지 고백하며 눈물을 흘린다. 멤버들의 불화와 제작자와의 갈등으로 해체설이 있던 걸 그룹이나 동영상 누출 사건이 있던 연예인들도 마음고생을 고백하면서 눈물을 흘리고, 사람들은 전후 맥락이 어떻든 일단은 동정하는 마음을 품는다.

그만큼 눈물의 힘은 세다. 그렇게 한바탕 눈물의 시간이 지나고 나면 흥미로운 변화가 보인다. 진행자나 출연자 모두 뭔가를 해냈다는 듯한 성취감 가득한 표정으로 변해 있다. 시청률을 위한, 다음 날 가십을 위한 이야깃거리가 바로 이 프로그램에서 나왔으니 말이다.

예능에서 눈물의 의미를 읽는 것은 눈물을 둘러싼 여러 역학 관계를 이해하는 데 도움이 된다고 생각한다. 인간 심리에서 눈물이 어떤 의미이기에, 예능 프로그램에 나와 눈물을 흘리는 이는 쉽게 대중의 용서를 받고 그의 진심을 우리는 믿게 되는 것일까.

우리는 눈물의 진정성을 믿는다

울면 눈물이 나온다. 운다는 것은 인간의 첫 번째 의사 표현 방법이다. 말을 할 줄 모르는 아이는 필요한 게 있을 때 운다. 우는 것 말고는 달리 표현할 길이 없다. 배가 고파서, 아파서, 추워서, 엄마가 보이지 않아서, 불편해서 운다. 다양한 의미를 표현하는 유일한 소통법이다. 이를 통해 아이는 엄마를 부른다. 엄마와 탯줄로 연결되어 배 속에 있을 때에는 이런 귀찮은 행동을 할 필요가 없었다. 알아서 먹을 게 들어오고, 자궁 안에 둥둥 떠 있어서 춥지도 아프지도 않았다. 그런데 밖으로 나오니 어떻게든 표현을 해야 살아갈 수 있다. 우는 놈이 떡 하나 더 먹을 수 있다.

아이의 울음을 듣는 엄마는 귀신같이 아이가 무엇을 필요로 하는지 알아챈다. 예민하고 섬세한 엄마일수록 잘 알아낸다. 어떤 일을 하다가도 아이가 울거나 눈물을 보이면 하던 일을 멈추고 아이에게 집중한다. 울음을 매개로 아이와 엄마는 끈끈하고 단단한 관계를 유지하며, 아이는 안전을, 엄마는 돌봄의 만족을 얻는다. 이를

'애착'이라고 존 볼비라는 정신분석가가 말했다. 아이의 울음은 "이리 와요. 난 지금 당신이 필요해요!"라고 말하는 일종의 경고 벨인 것이다.

아이의 젖을 떼려다가도 아기가 너무 울면 엄마는 포기해 버리곤 한다. 울음과 눈물은 분리의 거리 두기를 포기하게 만든다. 어른이 되어서도 이때의 경험은 여전히 강력한 영향을 미친다. 정을 떼려고, 거리를 두려고 하다가도 상대가 눈물을 흘리는 모습을 보면 엄마가 아이에게 그랬듯이 정신적 무장 해제가 온다. 따끔하게 혼을 내고, 이제는 용서고 뭐고 관계를 끊으리라 굳게 마음먹지만 상대의 눈물을 보는 순간 마음은 약해진다. 그것은 상대가 약한 존재라는 것을 인정하고, 상대가 솔직하게 미안한 감정을 표현한 것을 받아들였기 때문이기도 하지만, 더 근본적으로는 인간의 애착 시스템은 상대의 눈물과 울음을 보면 도움을 주는 방향으로, 상대와의 거리를 줄이고 상대를 보살피는 방향으로 움직이도록 세팅되어 있기 때문이다.

아기가 그렇듯이 어른들의 눈물도 다양한 의미를 표현하는 수단으로 쓰인다. 네덜란드의 한 학자가 30개 나라에서 3900명을 대상으로 눈물의 의미를 연구하고 분석했다. 그 결과 58퍼센트는 상실, 갈등 등 개인이 경험하는 부적절한 감정을 표현하기 위해 눈물을 흘렸고, 14퍼센트는 몸과 마음의 고통 등을 표현하기 위해 눈물을 흘렸다. 한편 24퍼센트는 타인의 고통을 목격하거나 아주 좋은 일을 목격했을 때 눈물을 흘린다고 보고했다. 이처럼 눈물은 인위

적으로 조작할 수 없는 불가항력적 배출이고, 맥락에 따라 여러 감
정을 표현해 낸다.

웃는 것, 화를 내는 것, 냉담한 표정을 짓는 것은 조금만 노력
하면 그 감정이 없다 해도 의식적으로 만들어 낼 수 있다. 이에 반해
눈물을 흘리는 것은 훈련받은 배우라 해도 쉬운 일이 아니다. 소통
에서 눈물이란 그만큼 값지고 솔직한 표현으로 여겨진다. 웃는 것
과 우는 것을 비교하면 울음의 희소성을 바로 알 수 있다.

눈물은 한 사람의 마음 안에 어떤 감정이 차올라서 더 이상
견디거나 억누를 수 없는 상태가 되었고, 이를 방출해야만 하는 상
황이 되었다는 것을 대내외에 알리는 행위다. 자의적으로 참고 참
다 차오른 감정이 방출되고 나면 눈물을 흘린 사람은 카타르시스를
느낀다. 프로이트는 자동적 반응으로 눈물을 흘리고 나면 올라온
감정이 방출되면서 그 감정이 사라지는 경험을 한다고 설명하였다.

운다는 것은 의도적인 행동이 아닌 자연스레 나오는 행동이
라고 생각하는 것이 일반적이다. 눈물에는 진정성이 있다고 믿는다.
웃음은 지어내기 쉽고, 거짓 웃음이 횡행하지만 눈물만은 진정성이
있다고 믿는다. 웃더라도 눈물까지 함께 나면 진짜 웃긴 거라 믿는
다. 다른 어떤 감정도 눈물이 동반되면 정말 그럴 만한 상황이라고
여기게 된다. 아니, 그렇게 여기고 싶다. 울음마저 마음껏 조정할 수
있게 된다면 참으로 믿을 사람이 없는 세상이라 하지 않을 수 없다.

남을 믿기 어려운 세상, 무슨 의미로 말을 하는 것인지 그 진
의를 선뜻 파악하기 어려운 사회에서 눈물만큼은 아직까지 그 사람

이 처한 상황에서 가장 진솔한 감정 표현이라 우리는 믿고 싶다. 그래서 스캔들의 당사자가 예능 프로그램이나 기자 회견에서 심경을 토로하고 눈물을 보일 때 우리는 그에게 공감하고 그를 비난하던 사람들은 화살을 거두게 된다. 그런 면에서 눈물은 우리가 관계에서 지켜야 할 마지막 순수의 보루 같은 것이다.

눈물의 의미와 이유를 파악하라

대인관계에서 눈물을 보인다는 것은 여러 의미를 지닌다. 앞선 예에서처럼 우리는 눈물에 한 사람의 진정한 감정이 표현되어 있다고 믿기 때문이다. 잘못을 저지른 사람이 정말 뉘우치며 사과를 한다고 봐야 할 때, 어떤 사람이 정말 두렵고 어려운 상황에 처해 도움을 요청하고 있다고 판단해야 할 때, 어떤 사람이 갈등 상황에서 패배를 인정하는 상황이라고 봐야 할 때 등등 맥락에 따라 한 사람의 감정을 읽는 데 눈물은 매우 중요한 변수로 작용한다.

의미가 많고 해석할 여지가 많은 대상일수록 어렵다. 그래서 눈물은 어렵다. 이성과 논리로 생각하려니 감정이 끼어들어 판단을 흐리게 하기 일쑤다. 그래서 눈물의 의미를 정확히 알아차리기란 어렵다. 사실 눈물을 흘리는 당사자도 왜 눈물이 나는지 모르는 일이 더 많은데, 어떻게 타인의 눈물의 이유를 알아낼 수 있겠는가. 그런데도 너무나 궁금해지는 게 눈물의 이유와 의미다. 왜냐하면 눈물은 진심일 가능성이 많은 감정과 생각의 핵심으로 바로 들어가는 출입구일 수 있다는 것을 경험으로 알기 때문이다. 그래서 우리는 누가 눈물을 흘리면, 또 내 눈에서 눈물이 나오면 왜 그럴까 알고 싶어진다. 눈물의 이유를 파악할 수 있을까?

제프리 코틀러는 『눈물의 언어(Language of tears)』라는 책에서 눈물은 언어를 뛰어넘는 자신만의 문법과 고유한 어휘를 갖고 있는 의사소통의 한 방법이라고 설명하면서 눈물을 파악하기 위해 고려해야 할 요소들을 다음과 같이 제시했다. 먼저, 눈물을 흘리는 행위는 호흡기, 심혈관, 근골격, 신경계 및 내분비계가 동원되어 일어나는 신체적 변화이므로 호흡수의 변화, 몸의 떨림과 같은 변화를 살펴본다. 그 격함과 덜함에 따라 감정 수위를 평가할 수 있다. 이어 그 사람의 성이 무엇인지, 평소 타인과의 관계, 무의식적 태도, 사회적 소통의 능숙함 정도, 상황 변수 등을 종합적으로 고려해서 눈물의 의미를 평가하라는 것이다.

오직 눈물이 솔직한 감정의 표현이기만 하면 좋겠지만 사람에 따라서는 눈물을 자기 방어의 수단으로 악용하기도 한다. 난처한 상황에서 힘든 순간을 모면하는 데 눈물은 꽤 효과적인 방어 수단이 된다. 성공은 학습의 가장 강한 동기가 된다. 눈물은 어느새 불편한 상황을 빠져나가기 위한 수단으로 학습되어 어느 순간부터는 약간의 감정 변화만으로도 쉽게 눈물이 나오는 사람이 될 수도 있다.

이런 사람에게 우리는 쉽게 속을 수 있는데, 이런 의심이 드는 경우 현재 상황이 상식적으로 판단했을 때 정말 눈물을 흘릴 만한 일인지 파악해 보는 것이 좋다. 그렇지 않으면 도리어 곤란한 상황에 처할 수도 있다. 혼내려고 부를 때부터 울기 시작하는, 별명이 '눈물 기계'라는 후배에게 제대로 호통 한 번 못 치고, 괜히 후배를 울리기만 한 독한 선배가 되어 버리는 당혹스러운 상황에 처할 수도 있지 않겠는가.

어떤 사람들은 눈물을 통해 방어와 책임 회피가 통하기 시작하면 이를 저도 모르게 책략으로 사용하기 시작한다. 이것이 효과적인 이유는, 누군가 눈앞에서 눈물을 흘리고 있다면 뇌의 다른 영역에서 이에 대해 "이것이 진짜일까?" 하고 이성적인 판단을 하기 쉽지 않기 때문이다. 그렇지만 반복적으로 눈물을 흘리며 이득을 얻는 것이 분명하다는 심증이 드는 사람이 있다면 눈물에 이성이 마비되지 않도록 다른 채널을 열어 다른 사람 열 명이 같은 상황에 처했다 하더라도 이 사람처럼 눈물을 보일까라는 단순한 질문을 나의 경험을 돌아보며 던져 볼 필요가 있다.

거짓 눈물에 중독된 사람은 자동으로 눈물이 발사된다. 나중에는 그 눈물이 싸구려로 느껴지고 사람조차 싸구려가 되어 버린다. 선의의 신뢰를 이용하는 사람은 결국 문제가 드러나고 집단에서 퇴출되고 말 것이다. 우리는 눈물에 진정성이 있다고 믿고 싶고, 감정의 핵심이라고 여기며 살아가고 싶다. 그 기본적 규칙을 깨는 이기적 변칙을 보면 받아들이지 못하고 불쾌해지는 것은 인간의 당연한 심리다.

눈물은 흘릴 때 흘려야 한다.

　　눈물은 흘려야 할 때 흘릴 필요가 있다. 감정의 둑을 억지로 막았다가 마음의 병을 앓게 되는 경우도 있기 때문이다. 도대체 어떤 생각을 하고 뭘 느끼는지 알 수 없는 사람이 있는데, 이들의 특징은 눈물에 인색하다는 것이다. 남자는 평생 딱 세 번만 눈물을 보여야 한다는 황당한 이야기를 믿는 사람, 알렉산더 대왕은 눈물을 잘 흘리지 않아 그 눈물이 귀해서 어쩌다 흘린 눈물을 담는 호리병이 따로 있었다면서 자신도 그렇게 살아 알렉산더 대왕 같은 호연지기를 기르겠다는 황당한 상상을 하는 사람들이 그렇다. 이들이 눈물에 대해 갖는 고정관념은 ‘애 같다.’, ‘계집애 같다.’라는 것이다.

　　그렇지만 사실 그들 내면의 마음은 ‘져서는 안 된다.’라는 것이다. 눈물이 인색한 사람들은 눈물을 보인다는 것은 권투에서 타월을 던져 패배를 인정하는 것과 같은 행위라고 굳게 믿는다. 그래서 절대 눈물을 보이지 않으려고 평소에 단련을 한다. 눈물이 헤픈 것도 문제지만 눈물을 흘려 줘야 할 때 흘리지 못하는 것도 문제가 된다. 감정의 중요 채널 하나를 인위적으로 막은 셈이다. 수로 하나가 막히면 다른 곳으로 물줄기가 흐르게 되듯이, 눈물이라는 꽤 효과적인 감정의 채널을 막아 놓으면 물꼬가 다른 곳으로 방향을 트는데, 일반적으로 분노와 공격성이라는 채널로 가는 경우가 많다. 만일 지난 몇 년간 남들이 다 눈물을 흘릴 때 울어 본 적 없다면 그 사람은 눈물 결핍증일 가능성이 많다. 둑에 물이 차면 빼 줘야 한다.

하지만 쉽게 수문을 열기는 어렵다. 이럴 때 내가 권하는 방법은 혼자 극장에 가는 것이다. 남들의 시선은 눈물이란 시선을 열지 못하게 하는 가장 큰 자물쇠다. 이 자물쇠가 없는 곳으로 가서 혼자 한적하게 영화에 몰입해 본다. 그리고 펑펑 울어 보기 바란다. 이것이 얼마나 괜찮은 감정인지, 한 번도 긁어 본 적 없는 날갯죽지 안쪽을 긁었을 때의 시원함을 경험할 수 있을 것이다. 다양한 감정의 채널을 확보하는 것만큼 관계를 풀어 가는 데에, 또 감정을 다스리는 데에 중요한 것은 없다. 울어 보고, 왈칵 눈물이 맺혀 봐야 그것보다 깊이 있는 감정을 일상적으로 쉽게 표현할 수 있고, 내가 눈물을 흘려 봐야 다른 사람의 솔직한 눈물을 '아이 같다.', '여자 같다.'라고 폄하하지 않고 그 감정 그대로, 그 맥락 그대로 받아들이고 반응할 수 있을 것이다.

예능 프로그램에서 눈물이 프로그램의 키포인트가 되듯이 우리의 삶과 인간관계에서도 눈물은 특히 감정 읽기와 표현에서 중요한 열쇠가 된다. 눈물은 감정의 둑이고, 여러 의미를 함축한 표현의 한 방법이다. 태어나서 처음 배우는 소통의 방법인데, 자라면서 사용법이 퇴화되었던 것이다. 우리 사회에서 눈물은 다시 힘을 갖기 시작했다. 우리는 눈물의 의미를 잘 파악해야 한다.

눈물로 모든 설명을 다 해 버리기를 바라는 사람이 늘어나는 세상이다. 어떨 때 관계에서 눈물은 모든 카드를 이기는 조커와도 같은 초월적 힘을 갖는다. 우리가 우려해야 할 것은 이런 눈물의 어두운 힘이다. 반대로 눈물이 가득 찼을 때 눈물을 흘릴 줄 아는 것도 중요하다. 눈물을 보이는 것은 부끄러운 일이 아니고, 인생이란 링 위에 타월을 던지는 것이 아니라는 것을 알아야 한다. 복합적인 감정 표현의 한 방법일 수 있다는 것을 받아들이고 익힐 필요가 있다. 그만큼 눈물은 신비한 묘약 같은 힘을 발휘할 때도 있고, 절대 열리지 않을 것 같던 감정의 문을 여는 열쇠 역할을 할 수도 있다. 그것이 눈물의 힘이다.

 고백을 잘 들어 주는 이가
마음을 얻는다

스타의 고백이 주인공인 토크쇼

예능 프로그램에서 늘 시청자의 주목을 끄는 것 중 하나는 '고백'이다. 집단 토크쇼 포맷인 「놀러와」, 「강심장」, 「해피투게더」, 「라디오스타」, 그리고 한 명의 메인 게스트를 무대로 올리는 「힐링 캠프」, 「무릎팍도사」, 「승승장구」 같은 프로그램에서 결국 우리가 기대하는 것은 그날의 게스트가 어떤 고백을 하는가이다. 방송 며칠 전부터 뉴스 포탈에는 "배우 ○○의 충격 고백"이라는 제목의 낚시성 기사가 뜬다. 고백에도 내성이 생기는지, 점차 더 세고 강한 내용을 대중과 방송은 요구한다. 어떨 때에는 고백을 해 놓고 나중에 감당이 안 되는 일이 벌어지기도 한다. 고백은 쉬운 일이 아니다. 남들은 몰랐던, 그리고 남에게 알리고 싶지 않던 자신만의 비밀을 알리는 일은 두려운 일이 아닐 수 없다. 비밀이 알려진 후 후련한 마음이 생길 수도 있지만 후폭풍이 대부분 뒤따라온다. 좋았던 이미지가 추락하기도 하고, 고백했던 내용이 꽤 오랫동안 '아, ○○했던 그 사람'이라고 꼬리표처럼 붙어 다니면서 운신의 폭이 좁아지기도 한다.

　방송에서 가장 흔한 고백의 유형은 연애와 사랑이고 그다음이 가족사이다. 대중이 가장 흥미를 느끼는 가십성 개인사이기 때문이다. 과거의 연인을 밝히기도 하고, 불우했던 가족사를 밝히며 눈물을 흘리기도 한다. 또 경제적 어려움이나 무명 시절의 서러움 등 고생담을 털어놓아 현재의 성공을 어떻게 이루었는지 보여 주어 감동을 주거나 때로 동정심을 얻기도 한다. 성형수술 여부 등 자신의 치부를 드러내는 고백을 짧고 강하게 하기도 한다.

　그 밖에 이전에는 거의 없었으나 최근 들어 부쩍 늘어난 고백은 자살 시도나 공황장애, 우울증 등으로 정신과 치료를 받았다는 고백이다. 이경규, 김장훈, 차태현 등이 공황장애를 앓았던 경험을 밝혔다. 정신질환이 일상적으로 가능한 병이라는 사실을 대중에게 알려 주었다는 면에서 정신과 의사 입장에서는 고마운 일이지만, 생활이 불규칙하고 미래가 불확실한 연예인들에게 공황장애는 직업병 같은 일인지도 모른다. 마음의 고통으로 결국 자살한 연예인들이 있고, 수많은 연예인들이 자살을 시도했거나 심각한 자살 사고 경험이 있는 것을 다양한 방송 프로그램에서 고백했다.

연예인들은 왜 자기 폭로를 하는가

우리는 말하기 어려운 고백을 듣고 나면, 그 사람의 용기에 먼저 감동하고, 그런 어려운 이야기를 내게 해 줬다는 사실에 또 한 번 감동을 한다. 신기한 것은 그런 어려운 고백을 듣고 나면 상대에 대한 호감도 상승한다. 이런 일련의 메커니즘을 '자기 폭로(self-disclosure)'라 한다.

남에게 알리기 쉽지 않은 자기만의 부끄러움, 비밀을 과감히 타인에게 공개하면 그 상대는 발설한 이에 대해 호감과 친밀감을 더욱 느끼는 효과가 있다. 말하기 어려운 일을 힘들게 말해 준 것에 대해 고맙게 여기고, 그만큼 자신을 신뢰한다고 생각하며, 이를 통해 두 사람의 관계가 더욱 가까워졌다고 인식한다. 그리고 자신도 그만큼 이야기를 들려주고 싶은 마음이 생긴다. 아니, 뭐라도 돌려줘야 한다고 여긴다. 그런 과정을 이어 가면서 두 사람의 친밀도는 선순환의 상승 과정을 거치게 된다. 이를 '폭로의 상호 작용(disclosure reciprocity)'이라고 한다.

어느 한쪽이 받기만 하고 주지를 못하면 받은 쪽은 마음에 부담을 안게 된다. 자신의 비밀이나 부끄러운 내용을 이야기해 주거나 그에 상응하는 비밀스러운 정보를 제공하지 못하면, 나중에 다른 종류로 보답해야 할 것이라 여기고 그래야 공평해진다고 생각한다. 사람들은 누구나 공평한 관계로 균형을 이뤄야만 한다는 강박 관념을 갖고 있기 때문이다.

미국의 심리학자 게겐은 이런 실험을 했다. 대학생들에게 4달러짜리 칩을 주고 딜러를 상대로 포커 게임을 하도록 했다. 참가한 여섯 명이 결국 모든 돈을 잃도록 설계했다. 그러고 난 다음 대학생들을 모아 다시 칩이 든 주머니를 나눠 줬다. 이때 이 칩은 다른 학생의 것을 빌려 온 것인데 조건이 달려 있다고 설명했다. 주머니 안에는 칩을 빌려 준 학생의 이름과 함께 각각 다음과 같은 메모가 있었다.

이 칩은 나중에 돌려줄 필요가 없습니다.
이 칩만큼 같은 금액을 돌려주시기 바랍니다.
이 칩에 이자를 쳐서 돌려주시기 바랍니다.

다시 포커 게임을 했고, 게임이 모두 끝난 후 실험에 참가한 학생들에게 어떤 조건을 제시한 사람에게 호감을 느꼈느냐는 질문을 했다. 참가자 대부분은 두 번째 조건, 즉 동등한 교환 조건을 제시한 사람에게 호감을 표시했다. 나중에 돌려줄 필요가 없다는 사람도 부담스럽고, 이자를 쳐 달라는 사람도 썩 좋지 않았다. 서로가 동등한 관계가 되는 쪽을 가장 선호한 것이다. 우리는 동등하기를 바란다. 도움을 받는 상황이 된다 해도 마찬가지다.

자기 폭로의 매커니즘은 텔레비전이라는 공중 매체를 통해서도 유사하게 작용한다. 그렇기 때문에 예능 프로그램에서 연예인들이 그동안 숨겼던 비밀을 대중에게 폭로해 버리는 것은 자칫 '자폭'

이 될 수도 있는데도 무리하여 자기 고백을 하려는 것이다. 고백을 통해 이전보다 대중과 더 친밀한 관계가 되기를 원한다. 대중이 자신에게 보다 친밀함을 느끼기를 바란다. 인기를 급유받아 살아가는 연예인들은 대중의 긍정적 감정을 발생시킬 수 있는 자기 폭로에 유혹을 느낄 수밖에 없는 것이다.

폭로는 상호 작용을 일으킨다. 그런데 대중 미디어란 일방향적 매체다. 시청자는 연예인이 아무리 커다란 비밀을 얘기한다고 해도 그에 상응하는 정도의 비밀을 그에게 들려줄 수 없다. 하지만 앞서 말했다시피 우리의 기본 심리는 평형감각 유지다. 그렇기 때문에 심각하고 비밀스러운, 그리고 시청자의 평소 경험으로 볼 때 ‘나라면 정말 말하기 어려울 법한’ 비밀을 듣게 되면, 그 비밀을 들은 것이 꽤 큰 심리적 부담이 된다. 어떻게든 그 부채를 털어 버려야 한다는 강박관념이 생긴다. 그래서 사람들은 무언의 응원을 보내거나, 그 연예인이 스캔들과 같은 위기에 처했을 때 편을 들어 주거나, 그 사람이 출연한 드라마나 영화, 그가 부른 노래를 좋아해 주는 것으로 그가 비밀을 들려준 것에 대한 보답을 해서 균형 감각을 맞추고 싶어진다.

대중은 고백의 순간을 함께했다는 동질감과 동일시를 경험하며 노출이 쉽지 않은 이야기를 들려준 데 대해 고마움을 느끼고, 호감과 함께 그 연예인에게 언젠가는 보답을 하고 싶은 마음을 갖는다. 그래서 그가 위기에 빠졌을 때, 그를 응원하고 지지하는 방식으로 보답하기도 한다. 그는 솔직한 사람이고, 또 상처가 있고 완전하지 않은 인간적인 사람이므로 가끔 실수를 할 수 있고, 잘못도 저지를 수 있다고 판단하고 싶어지는 것이다. 억측일지 모르지만 나는 그런 심리를 경험했다. 자칫하면 역효과를 내기도 하지만, 분명 고백은 연예인들에게 대중의 호감을 끌어내는 힘이 된다.

고백을 들어 주는 사람이 되자

보통 자신에게 가장 부끄럽고 숨기고 싶은 비밀을 드러내는 것은 매우 어려운 일이다. 연예인들이 미디어에서 자기 폭로를 감행하는 것에는 다른 이유가 있지만, 일반인에게 비밀 고백은 쉽지 않은 일이다. 나는 정신과 전문의로서 환자들과 상담을 한다. 환자들이 진료실에서 내게 일종의 고백을 해 올 때 가장 두려워하는 것은 두 가지다.

하나는 비밀이 새나가는 것이다. 그래서 정신과 의사, 특히 정신분석가들은 은둔자적 삶을 살아간다. 유명인의 암을 수술했다면 그 집도의는 유명세를 탈 테지만, 정신과 의사는 환자가 유명인이라면 더욱더 입을 다물고, 공공장소에서 만나더라도 서로 모른 척해 주어야 한다. 그래야만 환자가 마음 놓고 은밀한 비밀을 털어놓을 수 있고, 그 과정을 통해 무의식의 갈등과 억압된 충동을 해결할 수 있다.

그다음은 고백 후 마음의 수습이 안 되는 것이다. 자기만의 비밀을 마음 밖으로 방출한다는 것은 상당한 심리적 부담과 두려움, 계면쩍음을 유발한다. 그래서 초기에 은밀한 욕망을 고백하고 난 다음에 환자가 다시는 진료실을 찾아오지 않는 경우도 자주 볼 수 있다. 그럼에도 뭔가 고백하고 싶은 욕망이 생기는 것은 우리에게 본능적 욕구가 있기 때문이다. 마음에 다 안고 살아가는 것만큼 힘든 것은 없다. 또한 비밀로 숨겨 놓을수록 그 대상의 실체는 애매해지고 알 수 없어져서 그 비밀 자체가 두려움의 존재가 되어 가기 쉽다.

하지만 막상 고백을 하고 나면 마음 안에 실타래처럼 엉켜 있던 감정과 기억이 정리되며, 무엇보다 한결 가벼워지는 카타르시스의 순간을 경험할 수 있다. 『욕망해도 괜찮아』의 저자 김두식 교수는 자신의 욕망을 솔직하게 자진해서 털어놓는, 자신의 밑바닥을 드러내 보이는 고백을 함으로써 욕망과 규범의 공존 또는 화해를 모색해 보자고 주장하기도 했다. 각자 자신의 억눌린 욕망과 분노를 솔직히 고백하면 그 안에서 관계의 연대가 생기고, 사회의 문제점도 극복할 수 있을 거라고 생각한 것이다.

나도 그의 의견에 동의한다. 모두가 숨기고 거짓으로 포장하며 지내는 것보다는 고백에 대한 역치를 낮춰 자진해서 나부터 털어놓고 솔직해지는 과정을 거친다면 "아, 나만 그런 게 아니었구나. 너도 나만큼 힘든 부분이 있구나."라는 공감과 연대의 감정이 생길 토대가 만들어진다. 그리고 불필요한 의심과 시기, 피해의식에 드는 사회적, 정신적 비용을 줄일 수 있다.

김려령의 청소년 소설 『가시고백』의 주인공인 고등학교 2학년생 민해일은 일곱 살 이후 도둑질을 해 왔다. 해일은 친구의 전자 수첩과 넷북을 훔친다. 병아리를 같이 키우면서 친해진 지란 등에게 훔친 사실을 고백하고 구원을 얻는데, 바로 심장에 꽂혀 있던 가시를 빼내는 듯한 이런 고백을 '가시고백'이라고 한다. 두려움을 떨칠 수 있을 때 고백은 작동할 수 있고, 고백을 해야만 비밀은 내 마음 밖으로 방출되어 나를 자유롭게 한다.

고백은 중요한 힘을 갖는다. 하지만 고백을 마음껏 하는 것은 역시 쉽지 않다. 그렇기에 잘 들어 주는 사람이 필요하다. 토크쇼를 보면 고백을 이끌어 내는 MC의 힘이 중요한 것과 같다. 게스트가 아무리 다 고백할 준비를 하고 왔어도, 고백을 할 만한 분위기가 되어야 자연스레 내뱉을 수 있기 때문이다.

우리는 어쩌면 고백을 잘하는 사람이 되기보다는, 상대가 고백을 잘할 수 있도록 해 주는 사람이 되어야 한다. 상대의 고백을 잘 들어 주는 것은 상대가 감내하기 어려워하던 무거운 마음의 짐을 함께 나눠 갖는다는 의미에서 고백을 하는 사람에게도 무척이나 고마운 일이다. 누군가에게 정말 믿을 만하고 의지할 만한 사람이 되어 본다는 것은 의미 있는 일이다.

정신과 의사 사이에서 돌아다니는 농담 중에 이런 것이 있다. 노년의 정신과 의사가 젊은 정신과 전공의와 함께 엘리베이터를 탔다. 몸도 꾸부정하고 말도 천천히 하는 그 사람을 따르는 환자가 많은 것이 신기한 젊은 전공의가 그에게 비결이 무엇인지 물었다. 그러자 노년의 의사는 웃으면서 말했다.

"나는 틀니도 쓰고, 보청기도 차고 다닌다네. 많이 늙었지. 자네가 부럽다네. 그런데 만일 내가 아침에 서둘러 나오느라 틀니와 보청기 중 하나만 겨우 챙겨 나올 수 있다면 무엇을 골라야 할까?"

"네? 글쎄요."

"나는 보청기는 꼭 잊지 않을 것이네. 틀니를 안 하면 말을 제대로 하기 어렵겠지. 하지만 보청기가 없으면 들을 수가 없어. 말은 못 해도 내 눈짓과 몸짓으로 충분히 내 의사를 전달할 수 있지만 잘 들어 주는 것은 꼭 해야 하는 것이니까. 난 보청기가 제일 중요하다고 보네."

고백을 자연스럽게 이끌어 내어 고백하는 이에게 잘 들어줘서 고맙다는 마음이 들려면 이런 자세가 필요하다. 일단 잘 듣는 것이 우선이다. 관심을 두고 집중해서 들으면서 적절한 반응을 보여야 한다. 고개를 끄덕여 주고, 고백하는 이가 놀랄 때, 화가 날 때, 슬플 때, 그에 상응하는 반응을 상대의 감정보다 앞서 나가지 않을 정도로 적당히 낮추되 감정 선을 잘 맞춰 나가면서 표현한다. 서로의 감정에 대해 진솔하게 표현하면서 자신이 느낀 점을 적절하게 밝혀 나가는 것이 좋다. 그리고 상대의 감정을 그대로 받아들인다.

그래야 부끄러운 일, 괴로운 일, 숨기고 싶었던 일을 밝히는 과정의 공포와 자신의 나약함을 인정하면서 발생하는 자존감의 저하를 최소한으로 줄일 수 있고, 말을 들어 주는 사람에 대한 신뢰도를 높일 수 있다. 그런 과정을 함께할 때 고백한 사람은 문제를 직시하면서 두려워하거나 피하지 않고 해결할 용기를 갖게 된다.

마음속 비밀을 밖으로 꺼내 놓으면 그 압력을 견디지 못하고 부서져 내 존재가 흔적도 없이 사라질지 모른다는 공포와 불안감을 우리는 안고 살고 있다. 그래서 고백엔 큰 용기가 필요하고, 고백을 듣는 사람은 그만큼 진중하고 진지하게, 그리고 열심히 들어야 한다. 아무리 뻔하고, 유치하고, 비윤리적이라 비난받아 마땅하고, 끔찍하게 불편해서 듣기 거북하다고 해도 일단 열심히 듣고, 그러고 나서 나중에 판단을 해야 한다.

고백하는 사람은 그 내용에 대해 윤리적 잣대를 대거나 객관적 판단을 해 달라고, 시시비비를 가려 달라고 말한 것이 아니다. 그저 믿을 만한 누군가와 마음의 무거움을 나누는 것이 첫 번째 목적이다. 그러므로 고백을 하자마자 두려워하던 징벌의 순간이 다가오지 않고, 도리어 마음의 문제가 정리되고 감정적으로 압도당하기보다 명료화되는 경험을 고백한 이가 하게 된다면 가장 좋다. 이 과정을 거치면서 불안하던 마음이 조금 안정되고, 세상에 믿을 만한 이가 있다는 신뢰가 생겨 금이 가 있던 마음이 아문다. 고백을 들어 준 이는 꽤 무거운 마음의 짐을 나눠 짊어져 주며 고통 받는 한 사람의 마음을 얻을 수 있다.

하지만 쉬운 일은 아니다. 우리는 각자 너무 바쁘고 각자 고립되어 살아간다. 그러다 보니 각자 자기 문제를 혼자 안고 살아가면서 현실은 왜곡되고, 갈수록 비밀은 많아지며, 사람 사이의 친밀함은 거리감으로 변해 가고, 그 결과 만성적 자발적 소외감을 갖고 살아가게 된다. 남을 탓하지도 못하는 것은 우리가 자처했기 때문이다. 우리 사회는 갈수록 이런 문제가 심각해지고 있다. 이럴 때일수록 우리는 타인의 고백을 받아 주는 사람이 되어야 한다. 감동을 줄 수 있는 사람은 부끄럽고 말하기 힘든 이야기도 잘 들어 주고 받아 줄 수 있는 사람이 아닐까. 심리학자 칼 로저스는 그런 능력을 가진 이를 '성장을 촉진하는 경청자(growth promoting listener)'라고 불렀다. 우리는 서로에게 이런 이가 되어야 한다.

우리는 서로에게 안전하게 고백할 수 있는 블랙박스가 되어야 한다. 정말 함께하고 싶은 사람이 있다면 기회가 될 때 내 마음속을 고백할 수 있는 용기를 내 보자. 또 반대로 내가 애정을 가진 이가 정말 하기 힘든 이야기를 내게 고백할 수 있도록 해 보자. 그렇게 고백을 안전하게 주고받을 때 관계는 돈독해지고, 상호 신뢰가 쌓여 상대뿐 아니라 나의 마음도 단단해진다. 이런 것들이 우리 삶에 필요한 고백의 힘이다.

15 나만의 스토리텔링으로 세상을 감동시켜라

끝나지 않는 오디션 열풍

바야흐로 오디션 시대다. 케이블 채널의 「슈퍼스타K」가 인기를 모으기 시작하더니 2시즌부터 확실히 떴고, 그러자 공중파 방송에서 「스타오디션 위대한 탄생」을 방송했다. 가수가 되는 것뿐 아니라 「프로젝트 런웨이 코리아」, 「도전! 슈퍼모델 코리아」, 「마스터셰프 코리아」처럼 패션 디자이너, 모델, 요리사로까지 분야를 확장해 나갔다. 채널마다 오디션 프로그램이 한둘은 방송되고, 참가자를 모집하는 광고가 여기저기 나오는 것만 봐도 1년 365일 어디선가 늘 오디션이 열리고 있음이 분명하다.

반짝 유행이 아니다. 「슈퍼스타K」 원년 우승자 서인국이 초반에 쉽게 자리를 잡지 못했던 것과 달리 이후 시즌 우승자인 허각, 울랄라 세션은 인기를 이어 바로 대중적 스타가 되었다. 3시즌 준우승

자인 버스커 버스커는 프로가 끝난 후 바로 음반을 발표했고, 특유
의 감성과 실력으로 음원 차트를 바로 석권했다. 「K팝 스타」 1시즌
의 준우승자 이하이도 마찬가지다. 오디션의 주인공들은 늘 화제의
중심에 선다.

　수리공 출신 허각의 우승은 불평등한 세상에서 유일하게 실
력으로 평가하는 공정한 방법이 오디션이라는 사회적 메시지를 전
하며 많은 이를 감동시켰고, 사회적 반향도 대단했다. 리더 임윤택
이 위암 투병을 하는 중에 오디션에 참가했던 울라라 세션은 결국
오디션에서 우승하여 인간 승리의 메시지를 주었다.

　오디션 프로그램마다 수십만 명에서 100만 명 넘게 참가자가
몰리는 것을 보면 중복된 사람들을 제외한다고 해도 인구의 5분의
1은 오디션에 참여하는 것 같다. 전철역 근처 음악 학원에 "오디션
프로그램 대비 단기 속성 과외"라는 플래카드가 걸려 있는 걸 심심
치 않게 볼 수 있는 것도 달라진 사회의 한 단면이다.

　대중문화는 세상의 흐름을 민감하게 반영한다. 대중문화의
한 트렌드가 사실 사회적 현상 그 자체일 경우가 있다. 오디션 열풍
도 심상치 않아 보인다.

오디션 프로그램의 해부

오디션 프로그램이 인기를 끄는 이유는 무엇일까. 일단 짧게

결판이 난다는 점에서 성질 급한 우리 문화에 잘 맞는다. 짧으면 3개월, 길어도 9개월 안에 결판이 난다. 2PM의 조권이 8년간 긴 연습생 생활을 거친 것과는 대비된다. '빨리빨리', '공기 단축의 신화'로 유명한 한국인의 심리는 실력만 있다면 인생이 한 방에 결정되는 이런 시스템이 적성에 맞는다.

두 번째, 동등한 기회다. 나이, 성별, 학력 불문 누구나 참여할 수 있다. 그리고 기획사의 손을 거치지 않고, 참여자가 지금까지 쌓아 온 실력만으로 승부한다. 대중은 참여자들의 꾸밈없는 모습 그대로를 소비하며 즐긴다.

세 번째, 공정성이다. 생방송 문자 투표와 인터넷 선호도 조사에 직접 참여할 수 있다. 심사 위원의 영향도 있지만 기본적으로 시청자가 뽑는다. 대중은 자신들이 응원하는 참가자를 지지하며 이 불공정한 사회에서 실력 있는 자가 우승하기를 바란다.

오디션이 유행하는 것은 우리 시대의 공통적 결핍과 열망이 반영된 구조이기 때문이 아닐까? 평등과 공정성에 대한 열망, 다른 매개가 없는 직거래의 욕구, 오랜 기다림을 싫어하는 빨리빨리 문화, 단 한 번에 유명해지고 인생 역전을 하는 행운을 보며 감정이입과 대리만족을 하는 것이다. 그리고 그만큼 그러한 것들이 우리 삶에서 채워지지 않고 있다는 것을 뜻한다.

또 한편으로 우리 삶 자체가 오디션 경연장과 다름없기 때문에 우리는 오디션 쇼를 보며 희열을 느낄 것이다. 시시때때로 경쟁과 탈락을 반복하고, 짧은 시간에 최대한 역량을 보여 내 능력을 인정받아야 하며, 그 과정에서 끊임없이 경쟁자들과 비교되어야 하는 것은 일상에서 늘 겪는 일이다. 살아남는다는 것은 늘 우리의 관심사일 수밖에 없다.

오디션에서 살아남기 위해서는 당연히 실력이 있어야 한다. 그러나 그 실력을 포장하는 것도 기술이다. 우리 사회는 오디션과 비슷한 환경으로 변화하고 있다고 생각한다. 그렇다면 오디션 프로그램에서 끝까지 살아남는 참가자의 요건을 보면 우리 사회에서 경쟁력을 갖추는 비법을 뽑아낼 수도 있지 않을까. 최소한 방향 제시는 될 듯하다.

첫째, 바로 본론으로 들어가야 한다. 오디션은 단기전이다. 주어진 시간은 몇 분 되지 않고, 그 안에 매력을 충분히 심사 위원에게 보여 그들의 눈에 들어야 한다. 떨어지고 난 후 "내 실력을 제대로 보여 주기에는 시간이 너무 짧았다."라는 말은 구차한 변명이다.

사회적으로 보면 큰 변화를 시사한다. 한국 문화에서는 사람들과 오래 알아 가며 '정'이 쌓이는 관계를 선호한다. "알고 보니 진국이네."가 최고의 찬사다. 그래서 처음 만난 사람 앞에서 자기 장점을 이야기하거나 드러내는 것에 익숙하지 않고, 그런 사람은 경박한 사람이란 평가를 받기 쉽다. 두 시간을 밥 먹으면서 이야기하고는 정작 중요한 용건은 마지막 5분에 나누는 것도 비슷한 문화적 맥락이다. 꾸준히 만나면서 관계의 축을 쌓아 나가는 것이 정공법이라 여겨 왔다. 그러나 짧은 만남이 잦은 현대사회에서 이런 식의 자기 노출은 이제 적절치 않은지도 모른다.

거두절미하고 바로 본론으로 들어가야 한다. 이야기로 치자면 도입부는 최대한 짧게 하고 바로 절정으로 치달으며 가운데 토막을 보여 주는 것이고, 영화로 치면 클라이맥스를 아끼지 않고 보여 주는 예고편과 같다.

둘째, 차별성이 있어야 한다. 오디션 프로그램에서 심사 위원들은 "또 박정현 노래야?", "또 임재범 노래야?", "조금 뚱뚱하고 못생기면 싸이 노래야?"라면서 비슷비슷하고 천편일률적인 선곡과 창법을 지적하고 금방 지루해한다.

「K팝 스타」 1시즌의 이하이는 남들과 확연히 다른 목소리를 선보였고, 열여섯 살이란 어린 나이에 어울리지 않은 성숙한 매력이 있었다. 2시즌의 악동 뮤지션도 남과 다른 색깔을 선보였다. 수능에서는 전 과목에서 고르게 높은 점수를 받는 보편적 우월성과 실수를 하지 않는 능력이 중요하지만 오디션에서는 한 가지를 확실히 잘하는 것이 더 중요하다. 개성과 차별성이 보편성을 우선한다.

셋째, 설득력이 있어야 한다. 네덜란드의 심리학자 기디언 캐런이 사람들에게 나흘간 일기예보를 보고 어느 방송을 더 신뢰하는지 조사했다. 한 예보에선 매일 비가 올 확률이 90퍼센트라고 말했고, 다른 방송에서는 75퍼센트라고 했다. 실제로는 나흘 중 사흘간 비가 왔고, 두 번째 방송국이 정확히 맞춘 셈이었다. 그런데 반 이상의 사람들이 첫 번째 방송국의 예보가 더 정확하고 앞으로도 계속 시청하고 싶다고 답했다. 애매한 확률보다 확실하고 분명한 메시지에 더 끌렸고 기억에 선명히 남았기 때문이다.

많이 알고 배운 사람일수록 애매하게 말하고, 최대한 신중하고 보수적으로 말하는 경향이 있다. 그렇지만 대중은 "고냐 스톱이냐."를 분명히 말해 주는 사람을 선호한다. 상황이 애매하고 불안하고, 내가 잘 모를수록 이왕이면 확실한 의견을 가진 사람의 생각을 듣고 결정하는 것이 낫다고 여긴다.

그러니 오디션에서 "아직 절 보여 드릴 게 많고, 저는 발라드도 조금 하고, 락도 웬만큼 하고, 춤도 기본은 해요."라는 태도보다 「슈퍼스타K」 4시즌의 정준영처럼 "저는 죽을 때까지 락커입니다."라는 식의 분명한 태도가 강한 인상과 메시지를 준다. 물론 스스로 자기 확신이 있어야 할 수 있는 말이겠지만, 자신에 대해 분명한 태도를 취해야 상대도 우리를 믿을 수 있다.

넷째, 발전 가능성이 있어야 한다. 대중과 심사 위원은 이미 완성된 이보다 원석 같은 이가 뽑혀 환골탈태하고 스타로 거듭나는 과정을 지켜보고 싶어 한다. 미운 오리 새끼가 백조로 거듭나는 극적인 이야기를 즐기고 싶어 한다. 오디션에서 현재 갖추고 있는 실력이 아직 부족하다면, 자신의 잠재력을 보이는 쪽으로 선회해야 한다. 노력해서 나아지는 모습을 보이고, 새로 주어진 미션을 자신만의 방식으로 소화하려는 모습을 보이는 것이 중요하다.

다섯째, 강한 압박을 견딜 줄 알아야 한다. 오디션 프로그램의 상위권으로 올라가면 매주 생방송 무대를 치르게 된다. 안 그래도 수백 명의 방청객이 쳐다보는 생방송 무대의 압박이 큰데, 여러 공연을 연습하면서 본인 무대도 준비해야 하기 때문에 엄청난 압박과 긴장이 찾아온다고 한다. 무대 울렁증이 있는 사람이라면 도저히 서 있을 수도 없을 자리다. 자기 능력의 120퍼센트를 발휘해야 하는 이런 상황을 견디는 건 강인한 자아 없이는 불가능하다. 스트레스를 견뎌 내는 능력과, 긴장되더라도 공연할 때에는 한순간 깊이 몰입하며 즐기는 능력, 그리고 이 경쟁에서 이겨서 원하는 자리에 오르겠다는 강한 욕망이 삼위일체가 될 때 오디션의 압박감에 무너지지 않을 수 있다.

사회에서 벌어지는 경쟁 상황도 가끔은 무대가 커질 때가 있다. 하지만 강한 압박이 왔을 때 당황하거나 무너지지 않고, 스트레스를 견디며 짧은 시간에 기대 이상의 것을 해낼 준비가 언제든 되어 있어야 한다.

자신의 이야기로 감동을 전하라

이제부터 진짜 중요한 화룡점정의 실력이 필요하다. 보통 최종 본선으로 십여 명이 생방송 무대에 오르는데, 이들은 모두 이때쯤에는 팬클럽이 생길 정도로 실력이 있는 우승 후보들이다. 하지만 우승은 단 한 명뿐이다. 마지막 우승자 한 명을 가르는 그 차이는 어디에서 오는 것일까. 난 바로 감동을 줄 수 있는 능력이라고 생각한다. 결국 대중의 마음을 움직이는 사람이 성공한다.

「슈퍼스타K」 2시즌의 존박과 허각의 결승 무대를 보자. 노래

실력이라면 막상막하, 외모로는 존박이 더 인기가 많았다. 그러나 대중은 허각이 이겨야 한다고 여겼다. 그리고 실제로도 허각이 우승을 했다. 환풍기 수리공으로 아버지와 쌍둥이 형과 작은 단칸방에서 살았던 허각. 우승 상금으로 집을 사고 싶다는 소박한 꿈의 실현을 대중들은 원했다. 상대적으로 유복한 환경에서 자라 미국 유수의 대학에서 잘 지내던 존박은 호감은 가지만 대중의 마음을 절절히 끌어당기는 면은 없었던 것이다. 「위대한 탄생」 1시즌의 백청강은 연변에서 36시간 기차를 타고 예선에 참가했던 소박하고 조용한 중국 교포 총각이다. 가창력이 뛰어나도 특유의 창법을 지적받으며 심사 위원의 혹평을 받기도 했지만, 그래도 대중은 열광했다. 그들의 삶 자체가 대중에게 감동을 주며 그들을 우승으로 이끈 마지막 2퍼센트의 힘으로 작용한 것이다.

직접 겪은 삶을 이야기하는 것은 그 어떤 것보다 생생한 감동이 있다. 자신만의 이야기는 어떤 요소보다도 강력한 힘을 발휘한다. 하지만 그것이 반드시 험한 고생담이거나, 비극적인 이야기일 필요는 없다. 우리는 누구나 자신만의 이야기가 있고, 자신을 위한 이야기를 스스로 만들어 내야 한다.

하루는 집에서 아이들과 「강심장」을 보고 있었다. 평소 「강심장」이나 「놀러와」를 좋아하는 아이가 출연자들이 힘들었던 시절을 얘기하며 눈물을 흘리는 장면을 보다가 뭔가 생각난 듯 내게 물었다. "아빠, 연예인이 되려면 어릴 때 반지하 방에 살아야 해?" 연예인들이 토크쇼에 나와서 무명 시절 고생담을 얘기할 때마다 반지하

방에서 고생한 이야기를 자주 했기 때문에 아이는 자연스레 그런 생각을 한 것이다.

성공 뒤에 감춰진 고생담은 분명 감동적이긴 하지만, 극적이고 눈물 없이 들을 수 없는 이야기만이 꼭 감동을 주는 것은 아니다. 진솔하고 솔직하게 자기가 살아온 날들을 적절한 기승전결로 풀어내고, 자기 삶의 포인트가 무엇인지 스스로 잘 알고 묘사할 줄 아는 것이 더 중요하다. 그래야 상대도 공감을 하고, 흥미를 느낄 수 있다.

"Stay hungry, stay foolish." 스티브 잡스가 스탠퍼드 대학 졸업식에서 한 축사의 일부다. 사람들은 그의 축사에 감동했다. 잡스는 자신이 입양아였던 것부터 해서 자신이 겪어 온 삶을 담담히 고백하며, 그럼에도 우리가 삶에서 견지해야 할 것이 무엇인지 자신의 관점에서 이야기를 서술해 냈다. 비슷한 시기 빌 게이츠는 하버드 대학에서 축사를 했는데, 기업의 사회적 책임, 빈곤의 퇴치, 환경문제와 같은 거시적 이야기를 풀어 갔다. 모두 좋은 이야기였고 화제가 되었지만 지금까지도 회자되는 축사는 단연코 스티브 잡스의 것이다. 어떤 고난과 실패를 겪었고, 그것을 어떻게 이해하고 받아들였는지 자기만의 시각으로 풀어내는 스토리텔링이 감동을 주었기 때문이다.

나만의 스토리텔링을 갖는 것은 중요하다. 내 삶이 내게 어떤 의미였는지 스스로 알아야 타인에게도 감동을 줄 수 있다. 자기 삶을 돌아보며 내가 어떤 부침을 겪었는지 그래프로 그려 보는 것도 좋은 방법이다. 그러다 보면 전환점이 되는 부분이 보일 것이다. 하나의 사건일 수도 있고, 몇 년에 걸친 삶의 굴곡일 수도 있다. 어떤 사건과 특정 순간을 거쳐 지금 여기 있는 내가 만들어졌는지 스스로 스토리텔링을 만들어 보자.

인생에서 오디션 같은 상황을 만날 때가 있다. 내 실력을 보이고, 인정받고, 선택받아야 하는 순간이 있다. 평소에 기본 실력을 탄탄히 쌓아 두어야 하는 것은 물론이지만, 마지막 한 방은 결국 사람의 마음을 움직이는 것이다. 그리고 그 힘은 자신의 인생을 어떻게 스토리텔링할 줄 아느냐에 달려 있다. 당신을 만난 사람들이 당신의 삶과 나아갈 길을 응원하도록 만들라. 그런 사람이 결국 인생에서 승리하게 된다.

5부

삶의
의미를
찾아가는 힘

16 나에게 가치 있는 일로 오늘에 집중하라

의미와 재미 사이의 균형이 필요하다

예능의 핵심은 웃음과 즐거움이다. 기본적으로 가벼움을 지향한다. 너무 많이 알고, 제대로 형식을 차리면 마냥 웃기만 할 수 없으니 말이다. 예능을 보면서까지 머리를 쓰거나 현실의 복잡함과 비루함을 떠올리고 싶은 사람은 없다. 그저 아무 생각 없이 웃다가 잠이 들고 싶을 뿐이다. 다음 날 아침 왜 웃었는지 기억이 하나도 안 나도, 그게 좋다.

스트레스가 내게 얹어 준 짐을 덜어 내기 위한 배출구로 예능 프로그램은 충분한 기능을 한다. 예능 프로그램을 보며 별 의미 없이 흘려보낸 잉여의 시간은 나에게 여유를 준다. 하지만 때로는 마음 한구석 뭔가 부족한 기분이 든다. 이상한 일이다. 도대체 이게 무엇일까. 예능을 즐기는 것이 삶의 괴로움을 줄여 주는 데 분명 도움이 되지만, 뭔가 낭비한 기분이 든다. 본능적 결핍감이 느껴진다. 공허감까지 든다. 뭔가 채워 넣어야겠다는 본능적 균형 감각이 발휘된다.

이때 예능에서 빠진 것처럼 느껴지는 것은 바로, 사실은 일부러 비워 내려고 했던 '의미와 가치'다. 늘 빡빡하게 하루를 보내는 우리에게는 '의미의 강박'에서 벗어난 잉여의 시간을 보내는 것도 필요하지만, 우리의 본능은 또 한편 균형 감각을 유지하기를 원한다.

예능 프로그램이 사회적으로 의미 있는 기획을 할 때도 있다. '책책책 책을 읽읍시다', '하자하자!' 등 캠페인성 코너로 주로 이루어져 있던 「느낌표」가 대표적인 예이다. 하지만 최근에는 이런 프로그램들이 인기가 없다. 의미를 강요받는 기분이 들기 때문이다. 하지만 「무한도전」에서 독도에 대한 역사의식을 미션을 통해 풀어내거나, 「1박 2일」에서 울릉도나 백두산을 찾아가 우리 역사에 대해 얘기를 할 때 사람들은 감동을 받고, 뭔가 뿌듯함을 느낀다.

우리는 어디서든 균형을 바란다. 아무 생각 없이 노는 것도 좋지만, 한편으로는 의미 있는 시간도 원한다.

삶을 바라보는 세 가지 방향

나는 세상과 나를 이해하는 데 세 가지 방향이 있다고 생각한다. 첫 번째가 뒤를 돌아보는 것이다. 나의 과거다. 나의 현재는 과거의 누적분이다. 내가 지나온 길을 돌아보면서 잘못한 일, 실수한 일에 대해서 고민하고 후회하고 반성한다. 지나온 나의 과거가 나를 규정하기 때문이다. 지금까지 내가 안고 온 것들이 무엇인지 점검하고 평가하며 내 등에 있는 짐의 무게를 인식해 본다. 자꾸만 돌아보고, 그때 그랬다면 하고 반복해서 생각하는 행위는 바로 후회와 미련이다.

두 번째는 옆을 보는 것이다. 내가 원하는 것을 하지 못하는 현재의 불만족을 보게 된다. 지금 나와 같이 뛰고 있는 경쟁자들을 보면서 내가 제대로 가고 있는지 확인하고, 더 분발해 보기도 하고, 조바심을 내기도 하고, 열등감을 느끼기도 한다. 내가 가까이 하고 싶은 사람과 친근해지지 못할 때는 그 과정에서 긴장과 예민함을 느낀다.

세 번째는 앞을 보는 것이다. 나의 미래다. 지금 내가 나아가야 할 방향이다. 내가 가고자 하는 바이기도 하고, 내가 느끼는 사명이나, 추구하는 이상과 가치관을 의미한다. 희망과 미래, 또 동기부여의 방향성이다. 하지만 가야할 곳만 바라보고 조바심을 내다가는 지치거나 현실과 이상 사이의 괴리에 좌절을 경험할 수도 있다.

현실에서 느끼는 스트레스와 당장 해결해야 할 문제의 원인 제공은 과거와 현재가 한다. 후회되는 일, 현재 안고 있는 것들이 주는 부담감, 오늘을 달리면서 경험하는 경쟁의식 때문이다. 그렇지만 그것만 바라보다가는 지치고 힘들어진다.

지금의 나도 중요하지만 그보다 더 중요한 것은 '앞으로의 나'

다. 이것을 바라볼 수 없다면 우리는 살아갈 수 없다. 현재에만 집착하다 보면 자꾸 시야가 좁아진다. 나뭇잎의 크기와 모양새만 얘기하다 보면 막상 내가 어디로 가는지 숲에서 길을 잃어버리기 일쑤다. 큰 가치와 삶의 방향에 대해, 삶의 의미에 대해, 내가 성취하고자 하는 것에 대해 반복해서 생각하고 되새기지 않으면 삶의 지엽에 파묻혀 버리기 쉽다. 그 경우 남는 것은 끌려가는 느낌, 경쟁에 지쳐 소모된다는 열등감과 압박감, 그리고 이미 너무 많이 잃었고 이미 늦어 버렸다는 열패감뿐이다.

이럴 때 우리에게 필요한 것은 가치와 의미에 대해서 생각하고, 말하는 것이다. 그래야 희망이 보이기 시작한다. 희망은 앞날에 대한 기대다. 희망이란 단어는 본질적으로 시간 축을 안고 있는 개념이다. 그 시간이 지나고 '바라는 것'의 결과가 나오는 시점이 되면 희망은 개념적으로 존재 가치를 잃어버리고 소멸한다. 목적지에 도달하고 나면 그 순간 확 사라져 버리는 요정과 같다. 나를 지탱해 오던 것이 존재 이유를 상실하고 사라진다. 그래서 두렵기도 한 것이 희망이다. 판도라의 상자에 마지막에 남아 있던 것이 희망인 이유도 그만큼 복잡한 감정이었기 때문이 아닐까. 마지막까지 남은 것이기도 하고, 동시에 맨 마지막에 나온다는 의미이기도 하다. 그래서 우리 삶에 영향을 주고, 다시 앞날을 살아갈 힘을 줄 수 있다.

스피노자는 "두려움 없는 희망은 없고, 희망 없는 두려움도 없다."라고 했다. 그렇듯이 희망이 갖는 모순은 우리 인간 삶의 근본을 얘기한다. 우리는 희망을 원한다. 희망이 없다면 지금을 견디기도 어렵고, 무엇보다 내일을 살 이유를 찾지 못한다. 그런데 그 희망을 위해 제일 중요한 것이 무엇이냐 묻는다면 나는 '내 삶의 가치와 의미'라고 하고 싶다. 내가 원하는 나의 삶 그리고 사회적 인간으로서 내 존재의 의미에 대해 이해하는 것이다.

가치를 발견해야 삶이 소중하다

2차 세계 대전 당시 나치의 강제 수용소에 몇 년간 감금되었던 유대인 정신과 의사 빅터 프랭클은 절망뿐인 수용소 생활을 버틸 수 있게 한 것은 '삶의 의미'라고 했다. 그래서 그는 자신의 경험을 바탕으로 실존적 정신 요법인 로고테라피를 주창했다. 그는 "살아야 할 이유를 가진 사람은 어떤 어려움도 이겨 낼 수 있다."라고 했다. 그만큼 살아야 할 이유, 즉 내 삶의 의미와 가치를 이해하는 것은 중요한 일이다.

가치를 발견할 수 있어야 내가 하는 일이 소중하게 느껴진다. 진짜 내 것 같아진다. 누군가 시켜서 하는 일이 아니라 내 의지로 하는 일이기 때문이다. 내 것이라는 마음이 들면 별것 아닌 것도 더 귀중해진다.

심리학자 랑거가 다음과 같은 실험을 했다. 당첨되면 50달러를 주는 복권을 참가자들에게 1달러에 팔았다. 한 집단은 복권 번호를 직접 고르게 하고, 다른 집단은 그냥 무작위로 나눠 줬다. 복권을 추첨하는 날 아침, 어떤 이가 지금 복권을 사려고 하는데 얼마에 팔겠느냐고 묻고 희망 가격을 쓰게 했다. 그러자 직접 복권 번호를 고른 집단은 평균 8.16달러를 적었고, 그냥 복권을 받은 집단은 평균 1.96달러를 적어 냈다. 복권 당첨이란 주관이 개입할 여지가 없는 우연에 의한 일인데도 사람들은 자기가 의미 부여를 한 복권을 더 소중히 여기는 경향이 있었다. 사람들은 자신이 결정한 것은 더욱 자기 것으로 느끼고 귀중하다고 착각한다. 이를 '통제의 착각'이라고 한다.

내게 귀중한 가치를 인식해야 앞으로 나아갈 힘이 생긴다. 그리고 가치를 이해할 때 그 가치에 동의하는 이들과 힘을 합칠 이유가 발생하고, 현재의 괴로움을 견뎌 내며 협동할 수 있는 연대의 이유가 생긴다. 가치라는 추상적 개념이 필요한 이유다. 삶의 공허감을 채우며 희망을 만들어 내고 내일을 씩씩하게 맞이할 수 있는 힘은 결국 가치에서 나온다.

오늘의 스트레스를 일단 줄여 내기 위해서는 의미 없는 잉여의 힘이 필요하지만, 다음 날 아침 일어나 또 하루를 시작하고, 압박감과 열등감 등 스트레스를 견뎌 내게 해 주는 힘은 '내가 사는 가치와 이유'에 있다. 그 가치와 이유는 꼭 대단한 것이 아니어도 된다. 오늘 하루를 치열하게 살아가는 것으로, 우리가 이 땅에 발을 디딘 최소한의 가치가 생긴다.

양준혁이 이런 말을 했다. "나는 언제 터질지 모를 한 방을 기다리지 않았다. 그 시간에 한 발 더 뛰었다. 야구장으로 출근하며 안타 하나, 볼넷 하나를 얻는 것이 18년간 한결같이 가졌던 목표다. 홈런을 치겠다고 달려든 적 없다." 멋진 한 방보다 매일 1루를 한 번은 밟겠다는 마음으로 야구를 했고, "오래 할 수 있는 비결은 나의 에너지를 바로 지금 다 쏟아 내는 것, 하기 싫은 것을 참고 해내는 것"이었기에 그는 장수할 수 있었다.

실제로 그가 18년 동안 친 2318개 안타 중 내야 안타가 156개였다. 전력 질주를 했고, 하루에 한 번은 1루를 밟는 것에 중요한 의미를 부여했기 때문이다. 만일 내야 안타를 모두 제외하면 그의 통산 타율은 3할 밑으로 떨어진다. 그의 이런 18년간 노력 덕에 그의 통산 타율은 3할 1푼 6리가 되었다. 미래를 만들기 위해서는 오늘 하루 노력해서 실현할 수 있는 목표에 가치와 의미를 두는 것이 무엇보다 중요하다. 목표가 사소하고 작아 보이더라 하루하루가 중요하기 때문이다.

김구라도 하루하루를 잘 사는 것이 답이라고 했다.

삶에는 목표가 필요하다. 커다란 목표를 세워놓고 그것만 보고 죽 가는 것은 지루하다. 맹목적으로 먼 미래만 보지 말고 하루하루를 잘 살고 잘 확인하고 만족하며 사는 것도 성공을 위한 방법일 듯하다. 세상 자체가 혼돈스럽기 때문이다. 나중에 정말 어떻게 될지 누가 알겠는가. 행복한 하루를 차곡차곡 쌓아 나가는 게 목표를 이루는 데 도움이 된다.

먼 미래를 보기에 앞서 일단 오늘에 집중한다. 인생이 혼돈스럽고 판단이 힘들 때 특히 유효한 방법이다.

나를 중심에 놓고 삶의 가치와 의미를 찾으라

내 인생의 가치라는 것은 거창하고 대단할 필요가 없다. 일단 이런 상상부터 해 보자.

5년 이후 내 모습이 어떻게 되기를 바라나?
이대로 산다면 1년 후 내 모습은 어떠할 것인가?
어떻게 기억되고 싶은가?

또 이런 질문을 스스로에게 던져 보자.

내 인생에서 정말로 중요한 것은 무엇인가?
내가 앞으로 1년밖에 살 수 없다면 무엇을 할 것인가?
나는 어떤 일을 하며 시간 보내기를 좋아하는가?

무엇을 해야 하는가가 아니라, 내가 정말 좋아하는 것을 찾는 것에서 시작하는 것이다. 가치에 대해 사람들이 자주 하는 실수는 대의명분, 사람들을 돕는 것 같은 너무 큰 것만 찾다가 지레 겁을 먹고 "나는 그럴 만한 능력이 안 돼." 하고 접어 버리는 것이다. 그보다는 나를 중심에 두고 나의 삶에서 작은 가치와 의미를 찾고 그것을 적극적으로 추구해야 한다.

지금이 만족스럽지 않은 사람은 과거의 일들도 모두 만족스럽지 않고 후회스러운 일들로만 가득 차 있다. 왜냐하면 인간은 합리적으로 설명하고 이유를 만들어 내려는 본성이 있기 때문이다. 지금의 내 처지를 합리화하려는 경향이 객관적인 균형 감각보다 우위에 있기 쉽다. 그러다 보면 앞날도 과거부터 이어진 방향성을 따라 우울하고 후회스럽고 재미없는 일로만 가득 찰 수밖에 없다.

이 악순환을 깨려면 내가 중요시하는 가치를 찾고 그 가치 점을 바둑에서 포석을 두듯이 미래의 착점 위치로 잡는 것이다. 그리고 그 방향을 향해 나아간다. 그러기 위해서 그 착점 위치는 우울한 것, 재미없는 것, 억지로 해야 하는 것이어서는 안 된다. 그보다는 재미있는 것, 신나는 것, 가슴이 두근거리고 벅차는 것, 정말 언젠가는 꼭 하고 싶었던 것으로 잡아야 한다. 의미와 가치를 너무 크게 잡지 말라. 소박하지만 내 욕망과 감정에 충실하게 잡아야 한다. 그것이 현재 삶의 동기가 된다.

자기 인식 이론에 의하면 사람은 꼭 신념에 기반해서 행동하는 것이 아니다. 반대로 자신이 말하거나 행하는 것을 보고 자기 생각을 추론해 내기도 한다. 결국 사람들은 자신이 중요시하는 가치를 표현한 후에는 자기 진술에 더욱 몰입하게 되는 경향이 있다. 즉 내가 생각하는 것이 행동을 이끌고, 그 행동이 다시 나를 구성하면서 신념에 몰입하게 한다. 새로운 선순환이 만들어지는 것이다.

내가 의미와 가치를 느낄 수 있는 일들은 찾으면 많다. 중요한 것은 스스로에게 의미 있고, 스스로 통제할 수 있다는 느낌을 경험하는 것이다. 자기만의 핵심 가치에 전념할 때 우리 삶은 극적으로 변화할 수 있고 나 자신도 변할 수 있다.

오늘부터 만족해야 내일도 온다

하루 삶이 고단할 때 무의미하게 웃고 떠드는 예능을 찾는 것은 배고플 때 밥을 찾는 것만큼 당연한 욕구다. 예능을 보며 우리는 재충전의 시간을 갖는다. 그런데 거기서 한 발 더 나아갈 필요를 본능적으로 느낀다. 하루, 일주일의 고단함은 풀 수 있지만 거기에 더해서 내일, 다음 주를 살 에너지와 동기부여가 필요함을 절실히 느끼기 때문이다. 그것을 채우기 위해 필요한 것이 바로 내 삶의 '의미와 가치'다. 이것을 찾아야 우선 '오늘'이 만족스러워진다.

오늘의 만족은 자아 정체감과 존재감을 단단히 받쳐 주는 주춧돌이 되고, 더 괜찮은 내일을 만들 낙관의 마중물이 된다. 이것들이 쌓여 나가면서 더 먼 미래를 볼 여유가 생긴다. 소박하지만 현실에서 실천 가능한 1년, 아니 5년 후의 삶을 그려 볼 수 있다. 미래의 모습에 흐뭇한 마음이 든다면 나는 또 그 미래를 향해 달려가며 오늘을 더욱 만족스럽게 살 수 있는 힘을 마련할 수 있다.

우리가 찾아야 할 삶의 가치는, 사회가 내게 요구하는 가치가 아니라 개인적 가치일수록 좋다. 승진, 경쟁에서 이기는 것처럼 외부에서 주어지는 가치는 할 수 없이 해내는 숙제와 같다. 왜 풀어야 하는지 제대로 이해하지 못한 채 푸는 문제와 같다. 게다가 주변 환경 변화에 의해 흔들리기 쉬운 불안정한 가치이다. 결국 본질적 해결은 나만의 어휘로 나만의 가치를 찾을 때 온다. 나 자신과 원활히 소통해야 한다.

하기 싫은 일을 할 때에는 쉽게 피곤해지지만 하고 싶은 일은, 내가 하는 이유를 알고 그 의미를 이해하기 때문에 그것이 아무리 힘들고 고된 일이라도 재미있고, 에너지 소모가 적다. 하기 싫다는 생각을 하는 순간 마음속에서는 갈등으로 마찰이 일어나고, 에너지가 그대로 소모되기 때문이다.

일단 '오늘'부터 시작한다. 오늘 하루 '만족스러울 수 있는 이유'를 찾는 것부터 시작한다. 그리고 오늘을 구성하는 삶의 의미를 만들어 가고, 미래를 그릴 수 있게 될 때, 내 인생은 한결 단단하고 흔들리지 않는 존재의 힘을 갖게 된다. 의미와 가치로 속이 잘 다져진 나라는 나무는 쉬이 부러지거나 흔들리지 않고 자라나야 할 방향으로 쭉쭉 자라날 수 있다. 우리는 아직도 자라고 있다. 그래야 하지 않는가?

17 오늘보다 나은 내일을 스스로에게 약속하라

오늘만 즐기며 살 수는 없을까

예능 버라이어티의 기본 지향점은 '현재'다. 어떻게 해야 현재 주어진 과제를 잘 완수할 것인가 또는 어떻게 해야 멤버 간 경쟁에서 이길 것인가라는 현재 주어진 문제에 집중하고, '현재의 나'에 집중한다.

이에 반해 드라마는 과거 지향적이다. 드라마의 플롯과 복선은 모두 과거의 기억이나 경험, 인간관계에 얽매여 있다. 알고 보니 아버지가 내 아버지가 아니고, 알고 보니 내가 회장의 딸이라는 등 하는 과거가 지금의 주인공에게 큰 영향을 미치고 주인공은 이를 해결해 가는 과정이 대부분 드라마의 얼개다. 과거의 일이 드라마의 주요한 모티프가 된다.

예능 프로그램에서는 지난주에 있었던 일이 약간의 에피소

드와 기억으로만 남을 뿐 이번 주 새로운 이야기에 영향을 미치지 않는다. 과거의 일이 출연자들 사이에 캐릭터 갈등을 일으키는 등 어느 정도 영향을 미치긴 하지만 오늘 해결해야 할 미션을 수행하는 데 결정적 영향을 끼치지는 않는다. 오직 현재, 오늘, 여기서 벌어지는 일에 집중할 뿐이다.

우리가 예능 버라이어티쇼에 몰입할 수 있는 이유는 여기에 있다. 그것이 텔레비전 속 비현실적 세계인데도 우리가 집중할 수 있는 이유는 그곳이 현실에서는 우리가 벗어나지 못하는 과거로부터 자유로운 세계이기 때문이다. 우리 삶은 과거로부터 자유롭지 못하다.

과거는 나를 구성한다. 내 등에는 나도 모르는, 과거라는 짐이 얹어져 있다. 나를 구성하는 90퍼센트는 나의 과거일지도 모른다. 그래서 버겁고 불편하다. 과거를 돌아보는 것이 중요하기는 하지만 매번 돌아보기만 하는 삶은 정체되고, 돌아본 과거가 이미 정해져 버린 일들이나 어찌 해 볼 도리가 없는 일들뿐인 경우, 반성만으로는 어쩔 수 없으니 나의 현재는 만족스럽지 못하고, 당연히 미래도 어둡게 느껴질 수밖에 없다.

그런 인식에서 자유롭지 못한 채 매일을 살아가는 우리들이기 때문에 리얼 버라이어티쇼의 이런 현실 지향적 모습이 새롭고 색다르게 보인다. 우리도 그렇게 오늘만 즐기면서 살고 싶다.

현재에 집중하되, 매몰되지 말라

내가 기억하는 나의 과거는 모두 정확할까. 엘리자베스 로프터스는 참가자들을 두 집단으로 나누어 두 자동차가 충돌하는 비디오를 보여 줬다. 한 집단에는 "두 차가 정면으로 들이받았을 때 얼마의 속도로 달리고 있었을까요?"라고 물었고 다른 집단에는 "두 차가 서로 닿았을 때 얼마의 속도로 달리고 있었을까요?"라고 물었다. 첫 번째 집단은 시속 60킬로미터라고 답했고, 두 번째 집단은 시속 50킬로미터라고 답했다. 이어서 충돌 후에 깨진 유리 조각이 튀는 것을 보았느냐고 묻자 첫 번째 집단이 두 번째 집단보다 "보았다."라고 대답한 비율이 세 배나 많았다. 실제로 유리 조각은 없었다. 이렇게 현재의 암시를 통해 과거를 회상하는 것, 느끼는 것은 차이가 날 수 있다. 현재 주어진 조건들에 의해 기억을 재구성하고 그것이 진실이라고 믿는 것이다.

이들은 후속 연구로 피실험자들이 없었던 일을 실제로 일어났다고 믿는 상황도 보여 주었다. '기억을 심는 것'도 가능하다는 것을 밝혀 낸 것이다. 이런 연구들을 통해 학자들은 과거의 사실을 객관적으로 잘 기억해 내려는 것은 불가능한 일이고, 같은 자리에 있던 사람들조차 서로 다른 것들을 기억하고 다르게 이해하기 때문에, 우리가 중요하게 여겨야 하는 것은 지금 여기서 과거를 긍정적으로 볼 것인가 부정적으로 볼 것인가 하는 태도라고 말한다.

그래서 과거를 어둡게 규정하지 않게 하기 위해서는 현재를 잘 판단하고 평가하는 것이 먼저 이루어져야 한다. 현재를 잘 산다고 여기는 것이 중요하다. 그러나 그렇다 해서 현재에 갇혀 버려서는 안 된다. 캐나다의 정신과 의사가 동남아시아에서 온 난민 1000명과 인터뷰를 했다. 인터뷰 결과, 그들이 자기 나라를 떠나와 난민으로 지내는 어려운 시간을 보내는 동안 오직 오늘에만 집중해 당장 살아남는 것만 생각하는 좁은 시야를 갖게 되었다고 보고했다. 오늘 하루가 무사히 지나가기만을 바라면서 그날그날의 생존을 위한 노력만 하면서 살게 되었다는 것이다. 두려움 같은 감정이 특히나 현재에 집중하게 만든다. 생존을 위해서는 바람직할 수 있는 자세이나, 우리의 시야를 좁혀서 미래를 보는 거시적 시각을 잃게 하는 부작용도 있다.

또 다른 예로 '총부리 집중 효과'라는 것이 있다. 은행에 강도가 들어왔다. 강도가 떠난 후 경찰은 강도가 총을 겨눠서 위협했던 은행장과 인터뷰를 하면서 강도의 인상착의를 물었다. 그런데 가장 가까운 곳에서 강도를 대했던 은행장은 강도에 대해서 기억하는 것이 하나도 없었다. 다만 그가 겨눈 총부리가 어떤 색이었고, 질감이 어땠는지 기억할 뿐이었다. 두려움이 우리의 시야를 좁혀 바로 눈앞의 것만 보게 한 것이다.

현재에만 지나치게 집중하면 시야가 좁아지고 삶에 대해 근시안적이 되어 방향성을 잃을 위험이 있다. 과거-현재-미래에서 중심축은 현재가 되어야 하는 것은 분명하지만, 현재에 매몰되기보다는 시간의 세 축 안에서 현재를 봐야 한다.

앞에서 설명한 것처럼 현재에 집중할 때도 반드시 균형 잡힌 시각이 필요하지만, 그래도 무엇보다 중요한 것은 나의 현재를 잘 즐기는 것이다. 오늘을 만족해야, 내일이 되면 어제에 대한 좋은 기억이 하나 더 만들어지면서 과거를 더 나은 모습으로 만들 수 있다. 그래서 우리는 리얼 버라이어티쇼에서 매일매일 웃고 즐기는 사람들을 보면서 무의식적으로 다짐을 하는지 모른다. "나도 오늘을 즐겨야지."

현재에 매몰되는 것과 현재에 몰입하는 것은 다르다. 시간의 흐름을 잊어버릴 정도로 집중하는 경험을 하는 것, 행동과 인식이 하나로 통합된 경험을 하면서 시간 감각이 왜곡되는 경험을 하는 것이 몰입(flow)의 경험이고 현재에 우리가 느낄 수 있는 최고의 감각이라고 칙센트미하이는 주장했다. 이때에는 결과보다는 '몰입된 상태'라는 과정 자체가 보상이 된다. 현재에 몰입하며 시간의 흐름이 멈췄다고 느끼는 순간 과거에 의해 규정되어 흘러가던 삶의 흐름을 바꿀 수 있는 기회가 생긴다. 비관에서 낙관으로 항로를 변경할 수 있다. 그러므로 현재를 즐기는 것은 중요하다. 몰입의 경험이 중요하다.

미래에 지나치게 비관적인 것은 아닌지 점검하라

하루하루 쌓아올린 오늘들이 내일을 만든다. 그 내일을 바라보는 태도가 우리 삶의 숨통을 트여 주고, 에너지의 방향성을 준다.

그런데 인간 삶의 기본 옵션은 비관주의다. 끔찍한 일이 벌어질지 모른다는 비관적 전망을 우선으로 한다. 나중에 별일이 일어나지 않으면 그때 경계를 푸는 것이 천 번에 한 번 일어날지 모를 재난에서 살아남을 수 있는 안전판을 선사하는 것이라 믿는다. 그 때문에 에너지도 들고 불편한 일이지만 뇌는 기본적으로 미래에 대해 비관적 태도로 세팅되어 있다.

그래서 우리는 보험도 들고, 저축도 하고, 미리 식량도 모아 놓는 것이다. 아이들을 위한 교육에 너무 많은 투자를 하는 것도 비관적 미래관에 의한 두려움 때문이다. 그렇지만 비관적 태도로만 살다 보면 어느새 매일이 재미없고 힘들다. 그리고 비관적 태도가 나를 지배하게 되면 생기는 제일 큰 문제는 가치 판단을 하기 힘든 어떤 일이 벌어졌을 때 무조건 비관적 생각의 프레임 안에서 그 일을 해석하고 비관주의적 태도를 강화하게 된다는 것이다.

비관적 태도를 지나치게 견지하는 것은 방어력에 너무 많은 투자를 하는 것과 같다. 잘못하면, 언제 쳐들어올지 모를 적에 대비하기 위해 국방비에 지나친 투자를 해서 당장은 불필요한 군사력을 유지하느라 나라 살림이 항상 허덕이고 국민들은 굶주리며 사는 나라처럼 되는 것이다.

우리는 삶의 태도가 '지나치게 비관적이고 부정적인 미래 지향'은 아닌지 점검해 볼 필요가 있다. 우리가 비관적 태도를 취하게 되는 원인들을 잘 보면 불가능한 것과 어려운 것을 한 덩어리로 섞어서 같은 개념으로 보기 때문일 때가 있다. 불가능한 것은 어차피 바꿀 수 없는 상수 같은 존재다. 그러므로 사실은 굳이 비관적으로 생각할 필요가 없다. 존재 자체를 인정하고 받아들여야 한다. 하지만 어려운 것은 분리하여 따로 생각해야 한다. 어려운 일은 오래 걸리고, 힘들고, 기대한 만큼 이뤄내지 못할 가능성은 있지만 완전히 불가능한 것은 아니다. 그런데 불가능한 것과 어려운 것을 분리하여 생각하지 않고 한데 섞어서 보다 보면 모두 불가능 것으로 보인다. 그러면 더욱 비관적인 태도를 갖게 되기 싶다. 일단 불가능한 것들은 골라내고, 남은 목록 중에 아마도 매우 어렵겠지만 그래도 실현 가능한 것들을 모아 놓고 따로 보려는 노력이 비관주의를 줄이기 위한 첫 번째 노력일 것이다. 그리고 목록 중에서 지금 가능한 것부터 차근차근 해 나가기 시작하면 "어, 이거 될지도 모르겠는데?"라는 낙관의 불씨가 아주 조금은 피어날 수 있다.

하지만 또한 지나친 낙관이 자기기만과 오판으로 이어지지 않도록 주의해야 한다. 지금을 희생하면 미래에 훨씬 나은 삶이 올 것이라는 식의 가혹한 미래관은 올바른 낙관주의가 아니다. 이런 생각을 하는 이는 무엇을 더 할 것이냐가 아니라 무엇을 덜 할지에 집중해야 한다. 약속과 의무를 줄이고, 꼭 해야 할 것들 중에서 '내가 하고 싶은 것'의 비중을 늘리도록 노력해야 한다. 그래야 미래가 다가오는 것이 즐겁다. 그렇지 않으면 보이지 않는 미래를 위해 쉬지 않고 현재를 희생하는 악순환의 고리에 나를 던지는 일만 남게 된다. 사는 게 괴롭고 버거워진다.

그래도 때로는 대책 없는 낙관주의가 낫다

미래에 대한 100가지 고민이 있다면 그중 99가지는 오늘 당장은 걱정하고 고민할 필요가 없는 일들이다. 아이들의 미래, 나의 노후, 지구의 환경, 차기 대통령 등. 고민은 1분 이내에 끝이 날 것만 치열하게 해야 한다. 1분 이내에 고민의 답이 날 것들은 대부분 분명한 일들이다. 내일 비가 온다면 우산을 가져갈까, 내일 출장을 가는데 짐을 언제 쌀까, 다음 주말 데이트가 있는데 어디로 갈까. 이런 고민은 구체적 계획을 세워 행동으로 옮기면 되는 일이므로 바로 하면 된다. 나머지 것들은 내가 지금 당장 어떻게 할 수 없는 일들이다.

시험을 보기 전에는 계획을 세우고 준비를 하고 긴장을 하면서 부정적 미래에 대해 걱정할 필요가 있다. 그래야 바짝 정신을 차리니까. 그렇지만 시험을 보고 난 다음에 결과가 나올 때까지는 비관적인 생각을 할 필요가 없다. 예상되는 점수별로 우울한 상상을 하는 것은 정신건강에 하등 도움이 되지 않는다. 아직 발생하지 않았고, 심지어 바꿀 수 없는 미래에 대해서는 차라리 대책 없는 낙관주의를 가지는 게 낫다.

「무한도전」의 초기 버전은 「무모한 도전」이었다. 기차와 경주를 하기도 하고, 목욕탕의 물을 퍼 담아 옮기는 과제를 수행했다. 매번 제대로 성공하지 못했지만 출연자들은 "다음 주에는 꼭 성공하겠어!"라면서 대한민국 평균 이하의 남자들로서 멈추지 않고 도전을 이어 갔다. 이런 건강한 낙관주의를 위해 필수적인 것은 자존감이다. 자존감은 내가 나에게 어떻게 느끼는지에 대한 인식이다. 스스로 내 고유의 가치를 인정하고 존중하는 마음을 갖는 것이다.

이와 비슷한 개념인 자존심은 자신의 가치에 대한 개인적 판단으로, 자존감과 달리 타인과의 비교를 통해 스스로를 높이려는 것이다. 딱 한 글자 차이지만 의미가 꽤 다르다. 자존심보다는 자존감이 중요하다. 자존심은 자꾸 타인과 비교하면서 열등감을 느끼지 않으려는 노력과 연관된다. 자존심을 부리면, 뒤처지지 않고 이기려는 이런 마음 때문에 자칫 실수를 하기 쉽고, 판단이 흐려지거나, 문제의 핵심을 놓치는 일이 벌어질 수 있다.

우리는 과거로부터 왔고 현재를 살고 있다. 이 연속성은 유지해야 한다. 그러나 앞에서 보았듯이 과거는 고정되어 있는 게 아닐지 모른다. 우리가 지금 여기서 돌아보고 있는 그것이 내 과거의 모습이다. 과거는 과거에 대한 현재의 태도로부터 재구성된다. 과거에 대한 나의 현재 시각이 기억을 다시 재구성한다. 그렇기 때문에 더욱 지금이 중요하다.

지금에 대한 판단은 감정이 일차적으로 처리한다. 감정이 현재를 판단한다. 만족스러운지, 힘든지, 즐거운지 등. 반면 생각은 미래를 준비하는 데 주도적 역할을 한다. 감정과 생각, 이 두 가지가 복합적으로 작용하여 현재와 미래에 대한 태도를 만든다. 그리고 과거를 다시 구성하는 방향을 결정한다.

아무리 분명하고 방대한 근거를 바탕으로 해서 앞으로의 미래가 비관적일 것이라 판단하고 싶다고 해도, 나는 일단 현재의 작은 만족감이나 긍정적인 감정을 불씨로 삼아 미래에 대한 낙관적 태도를 지니는 게 바람직하다고 생각한다. 그런 태도를 견지하는 데 가장 중요한 버팀목이 되는 것이 자존감이다. 건강한 자존감을 충분히 갖춘 사람은 과거와 현재를 관통하여 미래에까지 낙관적 태도를 유지할 수 있다.

이런 태도가 지속될 때 우리는 현재의 어려움이나 내게 다가오는 먹구름 같은 전운도 버텨 낼 수 있는 힘을 얻을 수 있다. 또한 그런 힘은 평소의 낙관적 태도로부터 충전된다. 자존감과 낙관은 서로 쌍으로 물려 선순환을 하는 내 성장의 물레바퀴와 같다. 현재의 자존감과 미래에 대한 낙관은 과거의 기억을 '때문에'라는 족쇄가 아닌 '덕분에'라는 자양분으로 전환해 가는 원동기가 된다. 그래야 우리는 살 만한 인생을 하루하루 쌓아 나갈 수 있다. 오늘보다 나은 내일, 혼자라도 해 볼 만한 약속이 아닌가?

 남과 뚜렷이 다른
독창적인 내가 되라

우리는 평범함과 개성 모두를 원한다

"전 평범해요."

많은 사람들이 하는 말이다. 상담을 할 때에도 흔히 듣는다. 생각해 보면 사람들은 평범이란 말에 이중 감정을 갖는다. 기본적으로는 모두 너무 튀지 않으려고 노력한다. 모난 돌이 정 맞는다고 믿으며 평범해 보이려고 애를 쓴다. 연신 다른 사람을 의식하고 그들과 비슷하게 행동하려고 노력한다. 그런데 그러면서도 평범하다는 평을 듣는 것은 죽도록 싫어한다. 자신이 평범하다는 사실에 우울해하기도 한다. 남들과 비슷하거나 튀는 면이 없다는 것을 우울해하고, 이것이 낮은 자존감의 이유가 된다. 그러다 보니 어떤 이들은 명문대를 다니면서도 자신이 평범하다고 우울 증상을 호소한다.

어느 장단에 춤을 춰야 하는 것일까. 현재의 안전을 위해서는 평균값 안에 들어가 있는 것이 옳다. 사바나에서 임팔라 떼가 사자나 하이에나의 먹잇감이 되지 않는 길은 무리에서 떨어지지 않는 것이다. 너무 빨리 뛰어도 안 되고, 늦어도 안 된다. 그게 평범한 삶이다. 사회는 교육을 통해 구성원들의 평균값을 올리기 위해 노력한다. 집단에서 정해 놓은 평균 안으로 들어오도록 만드는 것이 사회화이고 교육의 목적이다. 집단의 관점에서는 구성원 모두가 평범해지는 것을 선호한다. 예측 가능하고 안정적이기 때문이다.

이런 노력은 현상 유지라는 측면에서는 집단의 생존 가능성을 높여 준다. 그러나 집단에 속한 개인의 관점에서 보면 좋은 것은 아니다. 그리고 급작스러운 환경 변화가 생기면 집단 전체가 오히려 위험에 빠질 수 있다. 구성원이 모두 평균치의 동일한 기능을 갖고 있다면 전혀 다른 기능이 필요한 상황이 올 때 대처할 수가 없기 때문이다. 하지만 문제는 우리가 미래를 예측할 수 없다는 것이다. 그렇기에 집단의 입장에서도 결국 개개인이 다양해야 미래의 생존 가능성을 높일 수 있고, 개인의 입장에서도 자신의 생존과 발전을 위해서 집단 내 평균값에 머무르기보다 자기만의 개성을 만들어 내려고 애쓰는 것이 좋다.

우리가 당연하다고 여기는 것이 내일도 그럴까. 알 수 없다. 우연에 의해 결정된다. 모든 변수를 미리 예측할 수 없다. 우리가 할 수 있는 것은 다양성을 확보하는 것뿐이다. 각각 남과 다른 능력을 보유하는 것이다. 달팽이와 조개는 최소 5만 종이나 있기 때문에 지구 역사와 함께 4억 년이나 종을 유지할 수 있었다.

디테일을 살려야 차이가 생긴다

쌍둥이가 태어나면 부모는 두 아이에게 똑같은 옷을 입히기를 좋아한다. 그런데 아이가 두 살 반 정도가 되면 거부하기 시작한다. 언니가 머리핀을 하고 있는 것을 보면 동생은 머리핀을 떼어 내버리려고 한다. 아이는 자신이 남과 다르기를 원한다. 자기상이 만들어지기 시작한 다음부터 일어나는 일이다.

자아의 심상이 생긴 것을 확인하는 심리 실험으로 립스틱 검사가 있다. 먼저 아기의 코나 얼굴에 립스틱을 바르고 거울을 보여 준다. 그 후 아기가 그 자국을 인식하는지 알아보는 것이다. 보통 1년 미만의 아기들은 거울에 비친 것이 자신인지 알아차리지 못하니, 립스틱이 묻은 것도 모른다. 돌이 지난 다음에는 조금씩 자신을 인식하기 시작해서 18개월이 되면 절반 정도가, 두 돌이 지나면 약 65퍼센트 정도가 자신임을 인식하여 자국이 있는 부위를 만지거나 지우려고 한다.

두 살이 지나면서부터 우리는 내가 남과 다르다는 것을 인식하기 위해, 자아 이미지를 마음속에 갖고 살게 되는 것이다. 그러고 나서는 남과 비교하고 자신을 남과 구별하기 시작한다. 우리는 성장하면서 남을 흉내 내서 똑같이 해 보는 동일시의 과정과 남과 달라지기 위한 분리의 과정을 동시에 끊임없이 반복한다.

남과 다르고 튀는 행동, 튀는 언행은 불안을 불러일으키기 쉽다. 무리에서 벗어나는 것은 위험한 일일 수 있기 때문에 일단 남들이 하는 것을 따라 하는 것이 안전할 것이라는 본능적 선택은 원시 시대부터 지금까지 집단생활을 시작한 이후 기본적으로 해 온 것이다. 그래서 집단과 또래의 영향력이 중요한 사춘기 시절, 중학생 아이들은 친구들과 비슷한 머리 모양을 하고 싶어 하고, 유행하는 신발이나 안경을 쓰고 싶어 한다. 그런데 한편으로는 교복을 조금 손봐서 자기만의 멋을 부리고, 가방만큼은 남과 다른 것을 들고 다니고 싶어 하는 것이다. 동일성을 추구하며 오는 집단에서의 안정감과 남과 다른 나만의 개성을 추구하고자 하는 특이성의 욕구 사이에서 끊임없는 진자 운동을 하며 우리는 발전한다. 그러다가 서서히 집단의 나보다 중요한 나만의 나를 만들어 가게 된다. 이때 필요한 것이 작은 차이를 만드는 것이다.

집 분위기를 바꾸고 싶을 때 이사는 힘들지만 커튼 하나 바꾸고, 가구 위치를 바꾸는 것으로 집안 분위기를 다르게 할 수 있다. 작은 디테일의 변화만으로도 느낌이 확 달라진다. 우리 삶도 그렇다. 전체 플롯을 완전히 바꿀 수는 없지만, 작은 디테일이 생생하게 살아 있으면 그 사람의 삶은 새로운 이야기가 된다. 결국 승부는 디테일에 달려 있다.

나만의 브랜드를 완성하라

주말에 음악 방송을 보다 보면 새로운 아이돌 그룹이나 가수들이 나오곤 하는데 이때 제일 헷갈리는 것은 아이돌 그룹의 이름과 노래 제목이다. 어느 쪽이 제목이고 어느 쪽이 그룹 이름인지 알 수 없을 정도로 모두 생소하다. 요새 나오는 웬만한 아이돌들은 다 비슷비슷해서 차별성을 갖기 어렵다. 그래서 그들은 인지도를 올리기 위해 예능 프로그램에서 망가지고, 웃기는 역할을 하는 것을 마다하지 않는다. 멋지게 노래하고 춤만 추고 싶을 아이돌들이 어째서 이렇게 필사적으로 망가지는 걸까.

남과 다른 차별성을 갖고자 하는 욕망은 절실하다. 때로는 죽을 위험까지 감수할 정도이다. 사주팔자도 같고, 혈액형도 같고, 유전자도 100퍼센트 같은 일란성 쌍둥이의 예가 있다. 이란의 랄레흐, 라단 비자니 자매는 심지어 평생을 함께 생활할 수밖에 없었던 접착성 쌍둥이였다. 그런데 이들은 스물아홉 살이 되던 해에 생명의 위협을 무릅쓰고 분리 수술을 결정한다. 두 사람은 "우리는 세계관도 다르고, 생활 방식도 다르고, 여러 가지 사안을 생각하는 방식도 다르다."라고 말했다. 한 명은 테헤란으로 건너가 기자가 되고 싶었고, 다른 한 명은 고향에 남아 변호사가 되고 싶어 했다. 유전자도 같고 생활환경도 같았는데 두 사람은 성격도 다르고, 생각과 인생의 목표도 달랐다. 다른 선택을 하고, 다르게 살려고 했다. 그런데도 미흡하다고 느낀 두 사람은 물리적 분리를 결심했다. 죽을 수도 있을 만큼 위험이 커서 그 어느 병원도 수술을 해 주겠다고 하지 않았는데, 결국 싱가폴의 한 병원에서 허락했다. 안타깝게도 두 자매는 사망에 이르고 말았지만 그런 결정을 할 만큼 '다르고 싶다'는 욕구는 강했던 것이다.

하지만 남과 다른 나를 만드는 과정은 쉬운 일이 아니다. 라디오에서 처음 듣는 곡을 듣고 가수를 맞히는 건 생각보다 어렵다. 최근 나온 가수들 중 곡만 듣고 단번에 이름을 알 수 있었던 가수는 '장기하와 얼굴들' 정도였다. 그만큼 그들의 개성과 스타일은 뚜렷하다. 자기들만의 브랜드를 완성한 것이다.

우리가 다름을 추구해야 하는 이유는 나만의 브랜드를, 즉 나만의 개성을 가져야 한 인간으로 완성될 수 있기 때문이다. 우리는 모두 조금씩 누구나 다르지만, 남과 뚜렷이 다른 사람이 되는 것은 생각보다 어렵다. 아무리 다른 얼굴이라도 인간의 얼굴 기본 골격이 다 같은 것과 같다. 그래서 우리는 더욱더 디테일에서 시작해야 한다.

남과 비슷하게 가면 안전하다. 그러나 비슷하면 결국 일등이 되지 못한다. 고만고만한 삶이 된다. 수많은 프랜차이즈 가게 중 하나가 될 것인가, 모험이지만 나만의 가게를 만들어 내서 나를 모방한 다른 가게들이 생기도록 할 것인가. 인생이 한 번뿐이라면, 재방송이 없는 프로그램이라면 선택은 분명하지 않을까.

다른 나를 만들려면 어떻게 해야 하는가

남과 다르기 위해서 우리는 어떤 노력을 해야 할까. 개성화란 individuation이다. 더 이상 나눌 수(divide) 없는(in) 존재를 뜻한다.

융은 개성화가 인간 성숙의 목적지라고 했다. 남과 다르기 위한 노력에 대해 융이나 프로이트라면 자아의 성숙, 갈등의 해소, 초자아의 완화, 무의식의 의식화 같은 멋진 말을 하겠지만 이건 너무 어렵다. 그리고 혼자 하기 어렵다. 그보다 실현 가능한, 다른 나를 만드는 방법에 대해서 제안해 보려고 한다.

무조건 다르게만 하면 된다고 생각하는 것은 아집이고 위험하다. 그런 방식은 성공하기 어렵다. 창의성은 '확산적 사고'라고 말하고 싶다. 하나의 문제에 대해서 여러 독특한 답을 낼 줄 아는 능력이다. 한 발 더 나가 보면, 거기서 근본적으로 더 중요한 것은 문제 해결을 위한 여러 답을 찾아내는 능력보다 도대체 무엇이 지금 해결해야 할 문제인지 발견해 내는 능력이다. 뉴턴의 이론이 빛에는 적용되지 않는다는 것을 특허 사무소에서 일을 하던 한 젊은 과학자가 알아차리기 전까지는 아무도 그게 문제점이라는 것을 몰랐다. 그 청년은 아인슈타인이다.

독창성은 문제가 무엇인지 보는 기본적 관점과 태도의 변화에서부터 온다. 해결책만 찾으려 하다 보면 기존 판에서 벗어나지 못할 수 있다. 오래된 문제의 해결은 어떨 때에는 새로운 문제를 만들어 내는 것으로 해결된다. 천동설의 논리적 답을 찾기 위해 중세 시대에 많은 천재들이 매달렸다. 창조적 몫은 여러 답을 냈을 것이다. 그러나 궁극적 해결은 기본 전제인 지구가 돈다는 명제를 바꾼 갈릴레오에 의해 이루어졌다. 많은 경우 남들이 문제라고 생각하지 못하거나 무심코 지나치는 곳에서 답은 발견된다.

우선, 무엇이 문제인지 보았다면 먼저 확실히 잘하는 것에 집중을 하는 것이 중요하다. 처음 야후라는 포털 사이트가 나왔을 때 사람들은 포털이란 모든 정보와 미디어까지 포함하는 백화점 같은 것이라고 생각했다. 그런데 거기에 반기를 든 사이트가 등장했다. 오직 '검색'만 특화된, 첫 페이지에는 검색창 이외에 그 어떤 것도 보이지 않는 '구글'이었다. 구글은 단 한 가지 장점만으로 검색 시장을 장악했고, 지금은 검색하다는 말을 구글링한다는 말로 대체하게 만들었다.

다른 것은 잘 모른다고 인정해도 이것만큼은 내가 잘한다고 당당히 말할 수 있는 것 딱 한 가지를 골라서 꾸준히 파는 것도 개성화의 한 방법이다. 가능하면 그것이 내가 좋아하는 것이라면 좋겠다. 이를 집중 우선 법칙이라고 하자. 하지만 그러면서도 동시에 집중 점의 초점을 잃지 않은 채 넓게 생각하는 능력을 유지한다. 이를 심리학적으로는 '통합적 복합성'이라고 한다. 더 멀리 더 넓게 문을 열고 본다. 그래야 남들이 놓치고 보지 못한, 공통성이나 연관성이 없어 보이는 것들 사이에서 연관성을 발견할 수 있다.

둘째, 문제 해결을 위한 처절한 끈기가 필요하다. 평가가 좋지 않거나 보상이 없다고 해도 계속해서 노력할 수 있는 힘이 지속되어야 창의성은 완성된 형태를 띨 수 있다. 진화론이라는 엄청난 생각의 아버지 다윈은 자신의 성공을 창의성이 아닌 '불굴의 끈기' 덕분이라고 했다. 그룹 송골매의 리더였다가 어느 날부터 방송 DJ를 하고 있는 배철수도 비슷한 이야기를 한다. 20년 넘게 방송을 하며 DJ

의 대명사가 된 그가 후배 팝 컬럼니스트 김태훈에게 이런 말을 했다. "좋아하는 일이면 오래 해. 오래 하면 너 욕하던 놈들은 다 사라지고 너만 남거든."

그렇다. 좋아하는 일이기에 오래 할 수 있고, 오래 하다 보면 도가 트인다. 말콤 글래드웰이 『아웃라이어』라는 책에서 말했듯이 1만 시간을 파고들면 전문가가 되는데, 거기에 걸리는 시간은 대략 10년이다. 그러므로 지금 좋아하는 것이 있다면 바로 시작하라. 단 10년은 할 생각을 해야 한다. 안타깝게도 10년을 하고, 1만 시간을 보냈다고 모두가 성공하는 아웃라이어가 되는 것은 아니지만, 좋아하는 일에 열중하는 시간 자체가 또한 보상이 될 것이다.

셋째, 욕을 먹을 각오가 필요하다. 남과 다른 것을 추구한다는 것은 비난의 대상이 되기 쉽다는 말과 등호를 이룬다. 개인에게 남과 다르고 싶은 개성의 본능이 있는 만큼 동시에 집단에서도 이질적인 존재를 솎아 내고 균질감을 유지하려는 본능이 강하기 때문이다. 개성을 위해 집단의 균질성에서 벗어나려는 시도를 할 때마다 같은 집단의 사람들로부터 태클이 들어오기 쉽다.

우린 그것이 두려워서 개성을 살리지 못하기도 한다. 그래서 남들만큼만 하게 된다. 무슨 일이든 남들이 하는 만큼만 하면 욕을 먹지는 않기 때문이다. 안전하지만 재미없다. 그래서 나의 개성화가 더 중요할 때는 욕을 먹을 각오도 단단히 해야 한다. 어설프게 시도만 하다 보면 비난의 대상이 되고, 다른 사람들에게 따돌림의 본보기만 되기 쉽다. 그렇기에 욕 먹을 각오와 함께 실제로도 아주 잘해

낼 마음을 단단히 먹어야 한다. 비판과 욕도 몸에 좋은 보약이라 여기면서 버텨 내야 하는 것이다.

넷째, 불안을 견딜 줄 알아야 한다. 어느 이상 경지에 이르러 주변의 인정을 받거나 객관적 성공이라고 할 만한 성취를 하기 전까지는 내가 지금 하는 이 일이 옳은지, 괜찮은지, 맞는 길을 가고 있는지 불안해지는 것이, 바로 남과 다른 나만의 길이다. 하지만 이 불안은 한편으로는 균질 집단 안에서 높아져 버린 평균을 쫓아가기 위해 안간힘을 쓰고, 집단에서 퇴출당하거나 작은 차이로 경쟁에서 밀릴까 봐 불안해하는 것보다는 나은 불안이다. 공격이 최선의 방어일 수 있다. 그 누구와도 대체할 수 없는 독창성이 있는 내가 되는 것이다. 삶의 방향을 전환하는 것이 필요하다. 이것은 즐거운 불안이다. 퇴출당할까 봐 평균값에 도달하지 못할까 봐 불안해하는 것이 아니라, 새로움, 독창성, 개성을 만들어 가는 과정의 미지에 대한 기대로 발생하는 긴장이다.

사실 다른 내가 되려고 할 때 이룰 수 있는 것은 아주 작은 변화다. 99퍼센트는 사실 모두가 비슷비슷하다. 하지만 작은 1~2퍼센트의 차이가 독창성이 되는 것이다. 사람들이 모두 눈 두 개, 입 하나인 것은 똑같고, 손발은 각각 두 개라는 본질적 구조는 같지만, 우리가 아주 작은 차이들로 사람을 구분하는 것과 같다. 하지만 그 1~2퍼센트의 다름이 결정적이다. 결국 작은 차이들이 쌓이고 조합을 이루면서 독특한 개성이 만들어지기 때문이다.

대체할 수 없는 사람이 되라

달라야 한다는 강박도 피곤하다. 그러나 대체 가능한 범용 부품으로 살아야 한다는 자본주의적 삶의 방식에서 시스템에 흡수되어 버려 그저 다른 벽돌 한 장으로 살지 않기 위해서 이런 노력은 강박까지 가지 않는 선에서 꼭 필요한 단계라고 나는 생각한다. 집단 안에 속해서 요구하는 평균값을 해내고 그 안에서 인정받는 것은 상당한 안정감과 안전감을 준다. 하지만 이제 그 누구로도 대체할 수 없는 나를 만들어 가는 것이 필요하다. 집단에 의존하기보다, 어떤 상황이 닥치더라도 살아갈 수 있고, 나만의 뚜렷한 능력치를 가진 독창적인 내가 되기 위해 노력하는 것은 만족스러운 자기실현을 위해 필요한 과정이다.

다름을 만들기 위한 재료는 디테일에서 찾아내야 한다. 다름을 모아 내 중심축 안에서 숙성시키고 익히고 나면 그 누구와도 비교할 수 없는 독창적인 나를 완성할 수 있다. 그것이 우리가 궁극적으로 가야 할 방향이다. 엄청나게 다른 독창성을 꿈꾸며 부담을 가질 필요는 없다. 하늘에서 뚝 떨어진 완전한 새로움은 없다. 우리 눈에 그렇게 보일 뿐이다. 독창성이란 아주 사소한 디테일에서 시작한다. 남과 다른 디테일을 하나씩 만들어 가는 과정을 거치면서 어느 순간 개화하는 것이다. 그 개화의 시점은 사람에 따라 다르고, 세상 사람들의 눈과 마주치는 타이밍에 따라 다르다. 그러나 최소한 내가 좋아하는 일을 오래 해 나가면서 독창성을 만들어 냈다면 그 과정

만큼은 즐겁고, 보낸 시간이 아깝고 후회스럽지 않을 것이다. 남과 다른 스타일과 독창성을 지니는 것은 우리가 살아가며 평생 지켜야 할 이상적인 방향이자 목적지가 되어야 한다고 믿는다.

하지현

서울대학교 의과대학을 졸업하고 동 대학원에서 박사학위를 받았다. 서울대학교 병원 신경정신과에서 전공의와 전임의 과정을 마쳤다. 캐나다 토론토 정신분석연구소에서 연수를 했다. 2008년에는 한국 정신분석학회 학술상을 수상했다. 현재 건국대학교 의학전문대학원 교수로 진료를 하며, 읽고 쓰고 가르친다. 한국정신분석학회 이사, 한국정신신체의학회 이사, 한국중독정신의학회 이사, 한국사회정신의학회 이사로도 활동 중이다.

지은 책으로는『심야 치유 식당』,『도시 심리학』,『청소년을 위한 정신 의학 에세이』,『관계의 재구성』,『당신의 속마음』,『하지현 박사의 소통&공감』,『전래동화 속의 비밀 코드』등이 있고, 옮긴 책으로는 『갈등 해결의 기술』,『커뮤니케이션의 기술』이 있다.

예능력

예능에서 발견한 오늘을 즐기는 마음의 힘

1판 1쇄 찍음 2013년 3월 25일
1판 1쇄 펴냄 2013년 3월 29일

지은이 하지현
발행인 박근섭·박상준
편집인 장은수
펴낸곳 (주)민음사

출판등록 1966. 5. 19. 제16-490호
주소   서울시 강남구 신사동 506번지 강남출판문화센터 5층 (135-887)
대표전화 515-2000 | 팩시밀리 515-2007
홈페이지 www.minumsa.com

ISBN 978-89-374-8696-8 (03320)